パリの日々

言語哲学者の休暇、
あるいは字幕翻訳者のプロローグ

Keizaburo Maruyama et sa famille à Paris, 1978-1979

丸山直子　丸山垂穂

三修社

1978年 パリ　（撮影・丸山垂穂）

まえがき

一九七八年から親子三人で滞在したパリの日々を綴った拙著『街角のクレープ』が出版されたのは一九八〇年。それから四十年を経て二〇二〇年に再び同書が刊行されることになろうとは思いもかけない出来事であった。四十年前のパリの話はかなり時代遅れで果たして現代の読者に受け入れてもらえるだろうか。今読み返すと未熟な内容で恥ずかしい。そして年齢的に新しく書き直すことができるだろうかという不安もあり一旦は辞退したのだった。娘の垂穂《たりほ》からは「その気になればできるはず、ボケ防止に」と背中を押され、三修社の上山直寛氏からは娘と「共著で出版しては」という提案を頂き、加筆訂正して新たに出版することになった。

旧著では現役の夫の仕事についてほとんど触れていなかったが、夫・丸山圭三郎は勤務中の大学から一年間の在外研究休暇を得てフランスへ行くことを決めていた。パリに住みつつスイスのジュネーヴ大学に通ってソシュール学の泰斗ロベール・ゴデル教授に師事し資料を収集研究するのが主な目的だった。

パリでの一年間の休暇は私たち家族に思いがけない自由な時間をもたらしてくれた。日本ではありえなかった、家族で買い物、あるいは学校の父母会に行く、映画を観る、などという些細な日常を共にすることができた。自宅と大学を行き来する毎日でスーパーなどに足を踏み入れたこともなかった夫が、朝市のおじさんたちと楽しそうにおしゃべりをする姿は解放感に溢れていて、この人は心底フランスが好きなのだと思った。

大学ではフランス語フランス文学専攻、後に言語哲学研究の道に進んだ夫にとってもフランスに住むのは初めての経験で公私ともに実りの多い滞在だったのではないだろうか。帰国後『ソシュールの思想』『フランス語とフランス人気質』『文化のフェティシズム』『言葉と無意識』などの書物を上梓した。

一方当時十五歳の娘は中学を卒業したばかりでその後の教育をどうするかは一番の難問だった。日本の高校生活を経て大学受験へという既定コースからは外れてしまうが、夫だけが単身赴任し家族は日本に残るという選択肢は最初からなかったように思う。人生の途中で一年間だけパリのフランス人の中で勉強してみるのもおもしろいのではないか。せっかくのチャンスだから新しいことに挑戦してみようと親子で意見が一致、無謀にもパリの全寮制中高一貫校に入学してフランス語を一から学び始めた。しかし現実は想像以上に厳しかったようで先生や生徒たちと全く意思の疎通ができず授業中に泣いていたこともあったらしい。国語の先生の好意で放課後に特別レッスンを受けて三ヵ月を過ぎる頃から少しずつ言葉として理解できるようになっていった。この一年間は娘にとって大きな試練であったが、同時に異文化を学ぶ場となり、後にライフワークとなるフランス映画字幕翻訳者としての第一歩を踏み出すきっかけを与えてくれたといえよう。

娘は親の都合で教育環境が大きく変わってしまったが、登校拒否にもならず困難な時期をよく乗り越えたと思う。少し回り道をしたが、今は幼い頃から大好きだった映画に関わる仕事に就き、充実した日々を送っているようである。パリ生活から四十年後の私たちの暮らしを併せてお届けできたらと思っている。

二〇二〇年四月　丸山直子

パリの日々

言語哲学者の休暇、あるいは字幕翻訳者のプロローグ

目次

パリの日々 一九七八—一九七九

街角のクレープ

パリの日々、その後

二〇二〇

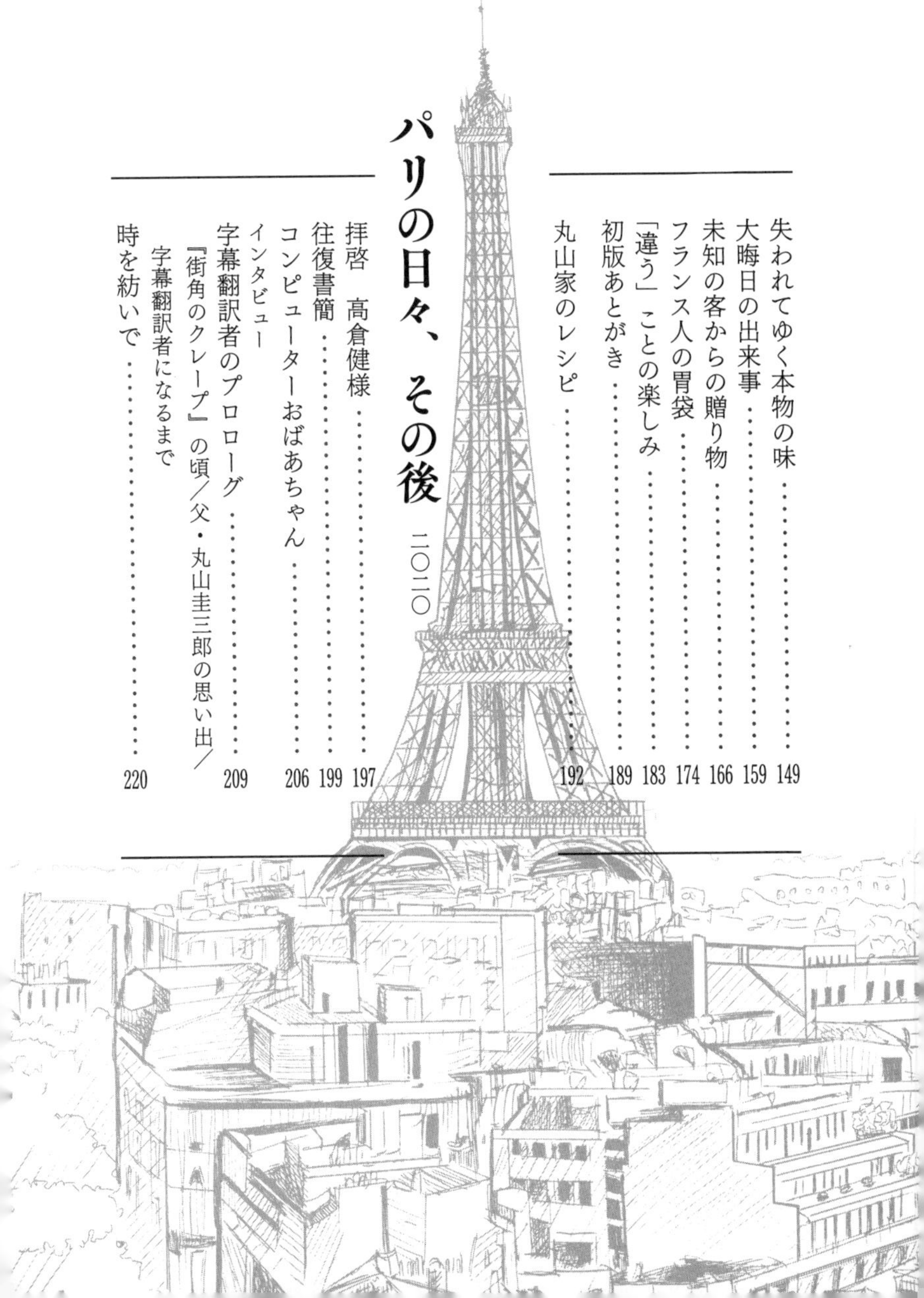

パリの日々

一九七八－一九七九

街角のクレープ

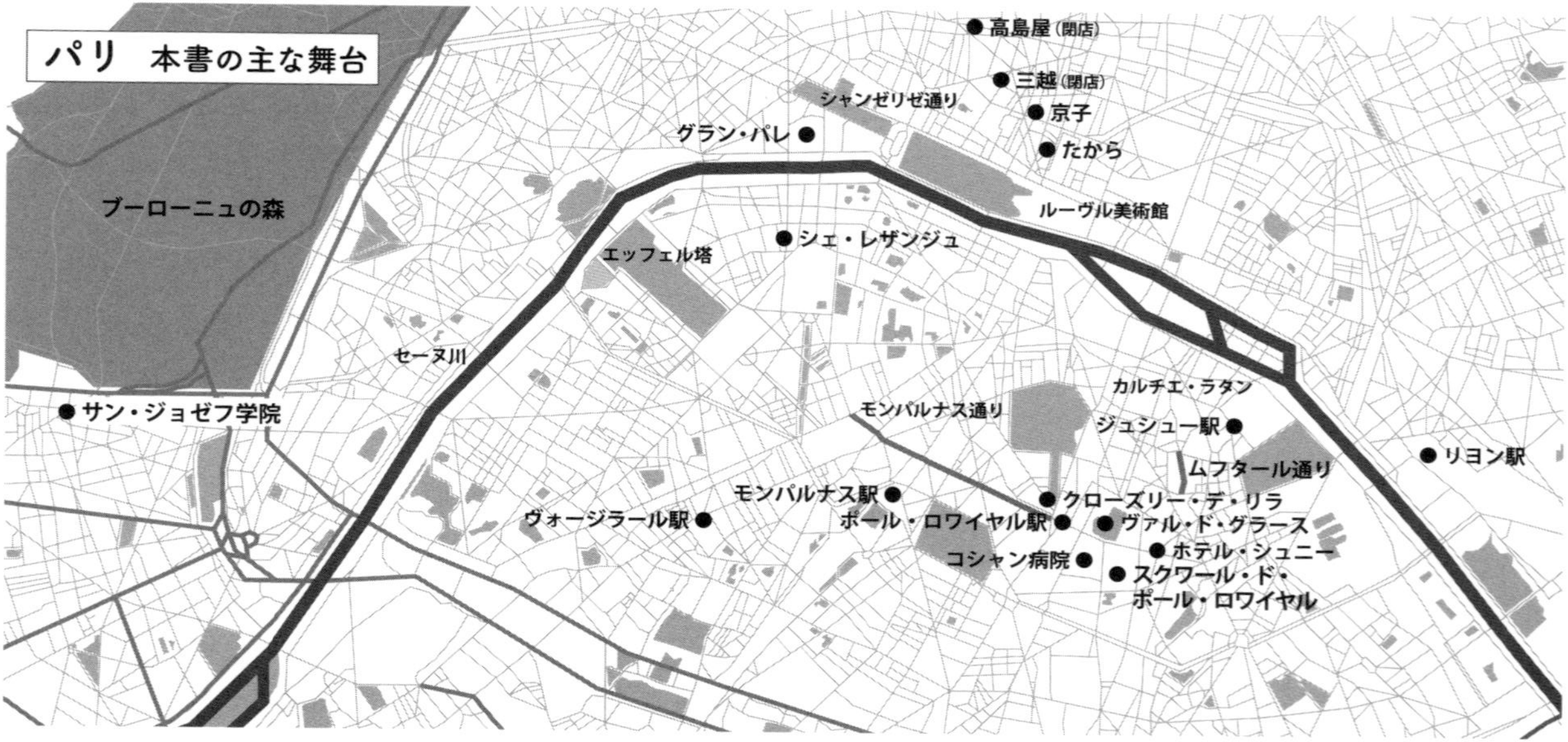
パリ　本書の主な舞台
ブーローニュの森
サン・ジョゼフ学院
セーヌ川
エッフェル塔
グラン・パレ
シャンゼリゼ通り
高島屋（閉店）
三越（閉店）
京子
たから
ルーヴル美術館
シェ・レザンジュ
カルチエ・ラタン
モンパルナス通り
ジュシュー駅
ムフタール通り
リヨン駅
モンパルナス駅
ヴォージラール駅
ポール・ロワイヤル駅
クローズリー・デ・リラ
ヴァル・ド・グラース
ホテル・シュニー
コシャン病院
スクワール・ド・
ポール・ロワイヤル

パリは本当に花の都？

ふらんすへ行きたしと思へども
ふらんすはあまりにも遠し
せめては新しき背広をきて
きままなる旅にいでてみん

（萩原朔太郎）

五十年余も昔、萩原朔太郎がこの詩を書いた頃から今に至るまで、フランスに対する日本人の憧れはずっと変わることなく続いているようである。知人の誰彼を思い浮かべても、フランスびいきがかなりいる。特に四十代、五十代の中年男性に熱烈な親仏家が多いように見受けられる。わが夫にしてもその例外ではない。

日本人の中にはフランスの好きな人が多いようだが、世の中にはフランスなんか嫌いだという人もいるに違いない。そしてフランスびいきに負けないくらい熱烈なドイツびいき、英、米、スイス、イタリア、スペインびいきだってたくさんいるはずである。それなのに、フランスだけがもてはやされるのはどういうわけだろう。フランスの、とかパリのなになに、と名がつけば本の売れ行きも違うらしい。

フランスかぶれは中年の専売特許かと思えば、さにあらず、子供たちまでが特別な反応を示す。娘の垂穂が東京で通っていた私立の女子校からも、毎年何人かの生徒が、父親の転勤などのため海外へ行くケースがあり、外国へ行くこと自体はさして珍しいことではない。ところが、行き先がフランスとなると、これは別問題なのだ。級友たちから山のようなお餞別を頂いてしまい、

「おみやげにはグッチかルイ・ヴィトンのバッグをお願い」

とバッチリ念を押されてしまった。

「夏休みになったらパリへ遊びに行きたいの。あなたのお家に泊めてね」

と言う娘の友だちの宿泊希望者が続々と現れ、出発前にわが家のパリのアパルトマン（まだ住む所さえ決まっていないのに）は、民宿予約で一杯になりそうな気配であった。そして、夫の

友人は、

「中学生の娘をパリに留学させたい。君の家からフランスの学校へ通わせてくれないか」

と言う。さんざん考えた末、私たちは民宿も留学も丁重にお断りしたのだが、断られた方々はさぞがっかりされたことだろう。


「フランスにいらっしゃるのですか？　うわぁ、羨ましい」

「花の都パリ、街は絵葉書のように美しく、女の人たちはみんなファッション雑誌から抜け出してきたみたいにきれいなんでしょうね」

一年間パリに行くと決まった時、友人知人から一様に羨ましがられたものである。一度もフランスに行ったことのない人たちは、映画や本に紹介されたフランスの情景を思い浮かべながら、フランスへの憧れを語り、一度でもフランスに暮らしたことのある人たちは目を輝かせて、

「フランスっていい国ですよ、もう一度行ってみたいな」

「お酒や食べ物はおいしいし、人々は親切だし」

「一年間十分にフランスを楽しんでいらっしゃい」

口々にそんなふうに話してくださった。パリは本当に花の都だろうか。フランスはそんなにすばらしい国だろうか。半ば期待を、半ばは不安を抱いて、私たち夫婦と娘がパリ、ドゴール

空港に降り立ったのは一九七八年三月初めの霧の深い日であった。

　短期間の旅行と違ってその国に住むということになると、バラ色の夢ばかりは見ていられない。もっと現実的な問題がたくさんあることを、十五年前のアメリカ生活の経験から知っていたからである。正直に言って、

「若いうちはともかく、この歳になって知らない国で新しい生活を一からやり直すなんて、フランス語も分からないし、気が重いなぁ」

心のどこかでそんな声も聞こえていた。実際パリに着いて一週間以内に片付けなければならないことが山積していた。まず娘の学校を決めること。住居を探すこと。警視庁で滞在許可証を取ること。銀行口座を開くこと、などなど。

　ホテルから、あちこちに電話で連絡を取ろうとするが、ダイヤル直通式でなく、交換台を呼び出してつないでもらうシステムだから時間がかかる。せっかくつながっても、違う番号にかかってしまったり、

「この番号は使われていません」

などと録音テープが機械的な声で言ったりする。初めのうちこそ、録音テープまでがフランス語でしゃべる（あたりまえだ、ここはフランスだもの）というので珍しがって聞いていたが、あまり時間がかかるので、そのうちにイライラし始めた。一回でドンピシャリと目指す番号に

かかると、

「珍しい、メーズラシイ！」

と狂喜したものである。外出中にかける時は、公衆電話を利用してみたが、大げさでなく、三台に二台は壊れており、かからなくてもお金は返ってこないことが多い。そういう時、日本人は、

「いったい電話局は何をしているんだ！」

と怒り、フランス人は、

「タンピ（仕方がない）、お金を食べられてしまったよ」

と肩をすくめて両手を広げる。もっとも壊れた電話機の中には、都合のよい故障もあって、サン・ミシェル通りにあるさる公衆電話は一フラン（五十円）で何時間も国際電話がかけられるそうで、学生たちは競ってこの電話に殺到し、長い列ができたそうである。聞きしにまさる電話後進国フランスであった。

カフェやレストランの電話は、大抵地下にあって、電話とトイレと書かれた扉が二つ並んでいる。トイレに行きたい場合もそうとあからさまに言わず、

「電話をかけたいのですが」

と言うのが好ましい、と教えられていたので、そう言うと、

「ウイ、マダム」

とジュトン（電話用硬貨）をくれた。まさかこちらも、

「電話でなくてトイレです」

とは言えず、泣く泣くジュトン代を払ってトイレに行った、などという失敗がある。こんなふうに、電話にまつわるエピソードは数えきれないほどあり、その度に娘と私は、

「フランスってずいぶん遅れてるのね」

とあきれるのだが、自称フランスびいきの夫は、

「実にフランスらしい」

と常にフランスの肩を持つ。あばたもえくぼとはこの人のためにあるような諺《ことわざ》だ。


　道を歩きながら、美しく飾られたショーウインドーに見とれる。と、何か柔らかい物を踏んづける。かの悪名高き犬のフンである。フランスの犬たちはどうしてあんなふうに所かまわず、無作法にフンをするのであろうか。フランスの犬は例外なく家の中で飼われており、飼い主の都合のよい時間までカカ（ウンチ）もピピ（オシッコ）も我慢させられているため、いざ外へ出る頃にはもう限界という状態らしいのである。

　日本の犬なら遠慮がちに道路のすみっこへ行って用を足す。飼い主のほうも空き缶などを持参し、犬の落とし物をちゃんと始末する。フランスでは歩道の真ん中に犬がフンをしても、そ

れを持ち帰るどころか、棒切れなどで端のほうに寄せておくことさえしない。知らん顔である。そうしてみると、他の面では実によくしつけられている犬のせいではなく、これは飼い主である人間のほうに問題があるのであろう。この犬のフンさえ、夫にとっては、

「フランスらしい、ユニークだ。ぼくなどは一度も踏んだことはない。踏むほうが不注意だ」

となる。ある時、フランス人の老婦人に、フンを踏んづけた現場を目撃されたことがあるが、眉をひそめ、まるでこちらが悪いことをしたかのように、

「オ、ララ（あら、あら）」

とおっしゃった。踏んだり蹴ったりとはこのことである。

かくして娘と私は細心の注意を払っていても、何回か不運な目に遭い、その度に覚えたての悪いフランス語が飛び交う。

「メルド！（くそ！）」

フランス語のmerde（くそ）という間投詞は、こうしてフランス国民が人知れぬ苦労を重ねた末に生まれたのではないか、と想像するに至ったのである。

時差ボケの頭でフラフラしながら、ブーローニュの森の入り口にあるサン・ジョゼフ学院に娘を入学させることを決め、パリ十三区のポール・ロワイヤルのアパルトマンに荷物を解いたのは到着後一週間目であった。スクワールと呼ばれるこのアパルトマンは、八階建ての建物が

十数棟四角い中庭を囲んで建ち並んでおり、日本でいえば団地のような一群の住宅地を構成している。わが家はフランス流のプルミエ・エタージュ（一階）、日本流に言えば二階の一角にあった。

　建物の入り口を入ると各戸の郵便受けがずらりと並んでいる。その奥に手動式の古風な二人乗りエレベーターがある。扉のところに注意書きがあって「静かに、しっかりと閉めること」と書いてある。

「なるほど、フランス語ではこう言うのか」と感心する。当然のことながらすべてフランス語で書いてあるのが珍しく、片っ端から読む。分からない単語は夫に聞いたり、辞書を引いたりして懸命に理解に努める。例えば入り口の掲示板には時々「お知らせ」のような紙が張り出される。「ガスと電気がどうとか…」と書いてあるのだが後が分からない。

「〇月〇日にガスと電気の検針に伺うので留守にしないでもらいたい。どうしても出かける場合はガルディアン（管理人）に鍵を預けておいてください」というような内容だったのだが、初めての検針の時にはこの掲示に気づかず、知らずに朝寝坊をしていて寝込みを襲われ、恥ずかしい思いをした。以後この種の掲示を注意して読むようになったのである。

　さて、パリに着いたらクラシックな家具つきの古いアパルトマンを借りて暮らしたい、と漠然と夢見ていた。家主さんの案内で一歩室内に入ったとたん、夢と現実の間にはかなりの隔た

ポール・ロワイヤルのわが家

りがあることを知ってがっかりしてしまった。暗い色の壁紙、台所の壁のタイルは赤、白、青のトリコロール。フランスの国旗が三色旗とはいえ、これにはびっくりした。でも人のよさそうな家主さんは、

「壁のペンキは新しく塗り替え、壁紙も張り替えたばかりでとてもきれいでしょう。家具類も一通りそろっていますが、何か入用な物があったら遠慮なくおっしゃってください。買いますから」

家具つきとはいうものの、テーブルと椅子、長椅子、プラスチックのローテーブル、ベッドなどが主な物で衣類をしまう箪笥《たんす》もなくガランとした室内である。

家主さんはどんな人だろうか。フランスの家主さんは契約に厳しく、家具一つ動かすのにも許可が要る、備えつけのお皿一枚割っても何フランの弁償をしなければならない、などと案内書に書いてある。あるいは長くパリに住んでいる人々からも同様の話を聞かされて、私たちは内心「フランスの家主」に対して舌切り雀のお婆さんのようなイメージを勝手に作り上げていた。

契約のため指定の夜九時に家主宅を訪れると、中肉中背の穏やかな感じの紳士P氏夫妻に私たちは温かく迎え入れられた。なんと、P氏夫人は日本人だった。元パリ大学教授で動物学の専門家であるP氏といわば同業の夫はたちまち意気投合し、契約などそっちのけでアフリカへ

毎年猛獣狩りに行く話などに興じていた。

「それでは契約を」

と促すと、

「われわれは友人なのだから、契約書などは作らないことにしましょう。簡単なメモのようなものがあれば十分、後日こちらで用意します」

口頭の約束だけで書面の契約書は何もなくその夜は辞去したが、あまりにあっけなく、今まで聞いていた話とは違うのでこちらのほうがびっくりしてしまったくらいであった。アパルトマンは古く、家具は現代風ではあるけれど、家主さん夫妻が寛大で親切な人たちであるし、契約書の一件でも私たちのことを信頼して貸してくださったということはやはりありがたいことであった。これからの一年間が快適なものになるか否かについては、良い家主さんにめぐり合えるかどうかが大きな部分を占めると思われるので、この点では幸先良いスタートを切ることができたのである。

スーツケース三個、ボストンバッグ三個の荷物を片付け終わると、まずガルディアンのところへ挨拶に行き、家賃の一割程度の心付けを渡す。普通アパルトマンの番人はコンシエルジュ（門番）と呼ばれているが、このような広い団地の場合はガルディアンと呼ばれるそうである。団地の門は午後十時には閉まるので自動車の出入りもなくとても静かであること、二十四時間警備員が勤務しているので治安状態が良く泥棒が入った試しがないことなど、話してくれる。

　門のすぐ脇には小さな食料品店があるので早速入ってみる。体格のいい女主人と息子の二人がお店を営んでいて、

「ようこそ、このスクワールへ。どれくらいパリに？　そう、一年ですか。ボン・セジュール（よいご滞在を）」

とニコニコして歓迎の意を表してくれる。たまたま買い物に来ていた老婦人がそれを聞いていて、

「何番地ですか、おや六番？　私も同じ建物に住んでいるのですよ。よろしくね」

と気さくに話しかけてくれる。もちろん、私と娘はフランス語に関してはチンプンカンプン、ゼロに等しかったから、これらの会話は夫がみんな訳してくれるのである。

「フランス人は冷たいって聞いてたけれど、このスクワールの人たちは案外に親切そうじゃない？」

　これからの一年間を過ごすこのスクワールの住人たちが、予想以上に私たちを親切に迎え入れてくれたことにホッとして緊張も解け、相変わらず文句を言いながらも娘と私は、

「この土地の生活も案外楽しいかもしれないな」

と思い始めていた。

グラス医師の往診

「外国では国民健康保険はなく、医療が遅れています。日本のように医者が薬を出してくれないし、往診にはなかなか来てくれないそうですよ。覚悟していらっしゃったほうがいいでしょう」

かかりつけの医師に、

「フランスへ一年間行くことになりました。ついてはお薬を少し余分に頂きたいのですけれど」

とお願いして、持病の十二指腸潰瘍の薬を出して頂いたのだが、先生からさんざんに脅かされてすっかり恐れをなし、

「フランスに着いてから、慣れない土地で、もし七転八倒の痛みが襲ってきたらどうしよう」

と途方に暮れてしまった。でもクヨクヨしたところでどうなるわけではなく、性来、大まかな私はママヨと覚悟を決めた。

「フランス人だって病気になるだろうし、お医者さんにだってかかるだろうから、まさか死ぬことはないでしょ」

と思うことにして、ふだん飲んでいる薬を何種類か持って行くことにした。医師の処方薬、夫の二日酔い用に胃薬、扁桃腺炎を時々起こす娘のためにアスピリン、などで薬というほどでもない家庭常備薬ばかりである。念のため生命保険つき海外旅行用短期傷害保険というのに一年間加入した。

　薬の他に、私は脂肪の多い牛・豚肉、香辛料、コーヒー、紅茶などを控えるように、と食餌療法を言い渡されていたのだが、せっかく食べ物のおいしい国に来て何も食べられないのではつまらない、と思い切って、いけないと言われていた物を食べたり飲んだりしてみた。パリのホテルで初めての朝食に出たカフェ・オレのおいしかったこと。温められた大きめのカップに、熱いコーヒーと熱いミルクの入ったポットを両手に持って好きな分量だけ注ぎ入れる。焼きたてのプチパンとクロワッサン、それにバター、ジャム、蜂蜜という簡単なコンチネンタル・ブレックファストだったが、パンとコーヒーが抜群においしい。コーヒーを飲んだのは何年ぶりだろうか。恐る恐る肉類も食べてみたが何ともない。胃も痛くならないのである。こんな不思議なことってあるだろうか。東京では毎日のように夜半チクチクと胃が痛んで目が覚めたものだった。東京の慌ただしい日常から解放されて、神経がリラックスしたせいで、病気もどこかへ行ってしまったのだろうか。

さて、私たちの住む十三区のスクワール・ド・ポール・ロワイヤルに初めて行った時、なんだかのっぺらぼうの塀がどこまでも続いていて殺風景な街だなという印象を受けたのだが、それも道理、周囲は病院に囲まれているといっても言い過ぎではないくらい、大小いくつもの病院が近所にあった。まず、向かい側はコシャン病院、右側はペアン病院、左側はオーギュスティーヌ修道女クリニック、ポール・ロワイヤル大通りには通称ヴァル・ド・グラースと呼ばれる陸軍病院がパンテオンかと見紛う古典的なドーム型の偉容を誇っている。

一九七八年パリ市長シラク氏が日本訪問直前に交通事故に遭い、二週間の入院治療をしたのはコシャン病院で、パリのタクシー運転手でコシャン病院を知らない者はいない、というくらい大きな国立病院である。また、詩人のヴェルレーヌは晩年財産を使い果たし、妻子に捨てられ、アル中でパリの施療院を転々とし、一八八七年にはコシャン病院に入院した、と書かれている（『ヴェルレエヌ詩集』鈴木信太郎訳、岩波文庫）。

パリに着いて約一ヵ月が過ぎた頃、娘の垂穂が突然高熱を出した。またいつもの扁桃腺炎だろうと日本から持ってきた薬を飲ませ、学校を休んで三日ほど静養したら熱も三十六度台に下がってきた。今日は学校に行くという朝、念のため体温を計ってみると三十七度の微熱がある。大したことはないのではないかと思いつつも、外国にいることでもあり、もし変な病気で手遅れになったりしたら…などとあらぬ妄想につかれたりする。娘の学校はカトリックの寄宿学校で、月曜日に登校したら水曜日の午後と週末に家へ帰って来るだけなので、寄宿舎の個室で夜中に熱でも出した場合のことを考えると、そのまま送り出すのはやはり不安であった。近所の薬局に行って相談してみたところ、その地域の家庭医を紹介してくれた。わが家から歩いて五分くらいの所に内科を開業しているグラス医師に電話したところ、

「早速伺いましょう」

という返事であった。そんなにすぐ往診してもらえるとは思ってもいなかったのでこちらのほうが大慌てで、散らかった室内を片付けたりした。朝の八時半頃に電話して実際に見えたのが正午ちょっと前、「午前中に」という約束通り、自宅での診療をすませてから飛んで来てくださったらしい。家庭医というのは初老のベテラン医師という漠然としたイメージがあったのだが、やってきたグラス先生は長身、ブロンド、年齢は三十五歳くらいのなかなかハンサムな若い医者で、娘の顔を見るやにこやかに、

「ボンジュール、マドモワゼル！」

と握手、病人のほうがびっくりしてベッドの上に飛び起きてしまった。

「ボンジュール、ムッシュー」

およそお医者さんという感じからほど遠い、白衣ならぬマロン色のシックなスーツを着たグラス先生は、それから三十分くらいかけて娘の頭のてっぺんから足の先まで、前後左右に動かしたりしながら丁寧に診察を終えて、

「どこにも異常はありません。多分環境の変化による一時的な疲れでしょう」

という診断であった。往診料、処方箋、学校に提出する診断書などを含めて八十フラン（約四千円）を現金で支払ったが、予想していたよりも安いという印象を受けた。フランスの医療制度では、医療費は患者が立て替え払いをし、後に書類で請求し払い戻しを受ける、というシステムである。医師と薬局の領収書を必ず取っておかなければならない。入院とか手術などの大きな出費の場合はともかくとして、風邪薬程度ではわざわざ書類を作って請求するのは面倒な感じがする。そのためかどうかは分からないが、病院は日本ほど混まないし、診療はすべて予約制なので待たないですむところは、フランスのほうが合理的である。以前に読んだ本によると、フランスでは医師のランクが三段階に分かれていて、上は大病院の教授クラスの名医、下はいわゆる町医者で安くてすぐ診てくれるけど腕のほうはあまり信用できない。難しい病気の場合はやはり大病院の名医に診てもらったほうがよい、ただし費用は大変高くつく、というようなことが書いてあった。グラス医師は多分その中間のランクに相当する人だと思うが、先に

書いたコシャン病院の嘱託医でもあって、自分の診断で必要と認めればコシャン病院のほうに患者を紹介する、ということであった。

娘が全快して間もなく、今度は夫が、もう少しでコシャン病院に送られるところだった。風邪をひいたらしく、

「のどが痛くて、つばも飲みこめない」

と言う。また例の薬局へ行くと、店の主が親切にいろいろ薬を出してくれて、

「これを飲めばよくなるでしょう」

しばらくして薬が切れたのでまた買いに行った。

「まだ治りませんか、ではこの薬を試してごらんなさい」

その次にまた薬局へ行って薬を買おうとした夫に、薬局の店主はちょっと眉をくもらせて言った。

「ムッシュー、もうあなたののどの痛みは一ヵ月になりますね。今までに差し上げた薬でダメなら、お医者さんにいらっしゃい」

そこでまたグラス先生の予約を取り、出かけて行って診てもらった。先生は夫ののどを診て、シロップ、座薬、スプレー薬の三種類の薬を処方し、

「この薬を二週間服用してください。もしそれで治らなかったらまたお出でください。その場

合はコシャン病院のガンの専門家に紹介しましょう」

と宣言したものだ。青ざめて帰宅した夫は、

「大変だ、ガンらしい。パリに死すか。外国だし、いろいろ大変だから葬式は簡単でいい」

などと、もうガンになった気でいる。日本のお医者さんはこんなに簡単にガンという言葉は口にしないと思うのだが、欧米では患者に直接ガンだと告げるのが普通のようである。

「もし治らなければガンの専門家に回すとおっしゃっただけで、ガンと決まったわけではないでしょう?」

などと慰めるのにこちらも大童である。それから二週間、祈るような気持ちで毎日薬を服用していたら、二週間後には言われた通り痛みが取れてすっかり治ってしまったのである。それからも家族中が代わる代わるのどの痛みを訴えたが同じ薬でいつも回復した。東京に比べてパリの空気は非常に乾燥しているため、日本人は着いて間もなくのどを痛める人が多いようであった。またあまり良質でない生水を飲んだり、脂肪分の多いフランス料理の食べすぎで胃腸や肝臓を壊したという話もよく聞いたが、大きな病気もせず、無事に一年間を過ごすことができた私たちは本当に幸運であった。

朝市の商人たち

わが家の門を出て北へ百メートルくらい歩くとポール・ロワイヤル大通りに出る。この通りには火・木・土の午前中パリ名物のマルシェ（朝市）が立つ。メトロのポール・ロワイヤル駅から少し下ったあたりから、数十軒のいろいろな店が所狭しと並ぶさまはまことに壮観である。

パリの朝は早い。六時半、空はまだ真暗で星を仰ぎながら朝市の商人たちのトラックが続々と到着する。荷台から板や囲いのガラス戸を運び出し、手早く組み立てる。積荷を降ろし、商品を並べる。中年のおやじさん、おかみさん、息子や娘たち、家族総出できびきびと立ち働く。

肉屋、魚屋、八百屋、菓子屋、パン屋、香料屋、惣菜屋、チーズ屋、花屋、小間物屋、古道具屋、およそありとあらゆる種類の店がここにはある。店と店の間のちょっとした空間には、ヤギの背にラベンダーの香袋を山と積んだ若い女性がひっそりと立っていたりする。端布で縫った花柄のプリントの袋には紫色のラベンダーの花びらを干したものが入っていて、いい香りがする。パリジェンヌたちは、この袋を衣装簞笥の中にしまっておいて移り香を楽しむ。

白い髪の黒人のおじいさんが奏でる物悲しげな笛の音に誘われて、何人かの客が人垣を作り、前に置かれた空き缶の中にそっと硬貨を入れて行く。

毎週三回ずつ朝市に通ううちに、商人たちも私たちの顔を覚え、歩いていると、

「ボンジュール、マダム！　サヴァ？（奥さん、元気？）」

などと声がかかる。この頃になるとこちらも少しは余裕ができてきて、笑顔で

「サヴァ、メルシー、エヴー？（元気よ、ありがとう、あなたは？）」

などと受け答えができるようになってくる。

「肉屋さんの行列に並んで挽肉を五百グラム買ってきてごらん」

と言うと、娘はいそいそと列に並んで買ってくる。

「何て言ったの？」

「簡単、Cinq《サンク》 cents《サン》 grammes《グラム》 de《ドゥ》 viande《ヴィアンド》 hachée《アシェ》, s'il《スイル》 vous《ヴ》 plaît《プレ》. でしょ。今日は一発で通じちゃった」

「この前、八百屋さんでホウレン草を五百グラム下さいって言ったら、ハイハイ、一リーブル（一ポンド）だね、と言うの。いいえ、五百グラムと言うと、五百グラムと一リーブルは同じ

さ、と笑いながら教えてくれたの。そう言われてみれば一ポンドは四百五十グラムだから、大ざっぱなフランス人から見れば同じかもしれないね」

　ポンドとグラムが共存している点、メートル法を採用している点など日本と同じで何となく親しみがもてる。アメリカでは、ポンド、インチ一点張りだったから、メートル、グラムで話してもピンとこないばかりか、この地球上にそんな遅れたシステムをまだ使っている国があるのか、といった反応が返ってくる。一般のアメリカ人にとって、異なる文化や習慣が他に存在するということは想像を越えることらしいのである。一九六〇年代のアメリカではホンダのバイクが大人気で、毎日のようにＣＭ“You meet the nicest people on a Honda.（素晴らしい人々、ホンダに乗る）”がテレビに流れていた。私たちはよくアメリカ人が誇らしげにこういうのを聞いたものだった。

「日本には、Honda とか Sony なんてのはあるかい？」

　こういったナイーブな人たちにはホンダやソニーが日本製だと言っても信じてはもらえなかったので、私たちも最後には無駄な抵抗はやめることにしたのであった。

　少々横道にそれたけれど、再び朝市に戻ることにしよう。朝市には何十軒という店があるが、しばらくするうちに肉ならこの店、魚ならあの店、果物ならこの店というように行きつけの店が何軒かできてくる。私たちはそれらの店にこんなあだ名をつけて呼ぶことにしていた。肉屋のおじさんは色白、ちょっと薄くなってはいるがブロンドの髪、青い眼の美男子で、若い頃の藤原義江（オペラ歌手）そっくりであったから、「藤原義江の肉屋さん」と呼ぶことにした。日本に比べるとフランスの食料品は安く、中でも肉は半値以下だったから私たちは毎日ふんだんに肉を食べた。牛肉の上等なヒレが一キロ三千円くらい、サーロインが一キロ二千五百円くらい、挽肉や煮込み用の肉なら一キロ千二百円くらいで買うことができた。

「ポトフ用の肉を一キロください」

と言うと大きな肉塊をヨイショと持ち上げて切ってくれる。そして必ず、

「骨もつけますか？」

と聞く。これは真ん中にとろりとしたモワル（髄）の入っている仔牛の骨で、これを一緒に入れて煮込むと非常においしいスープがとれるのである。これはタダでサービスしてくれる。日本では仔牛肉を売っている店も少ないし、仔牛の骨などはどこにも見かけないが、こんなにおいしい物を捨ててしまうのであろうか。仔牛の骨つき煮込みにイタリア料理のオッソ・ブッコがあるが、やはりこのモワルがついているので彼らはナイフですくい出してきれいに食べてしまう。私たちも一度食べたら病みつきとなり、家族みんながモワルのたくさんついたところを好んで食べるようになった。

　パリに着いたばかりの三月はまだまだ寒く雪がちらつく日もあったので、わが家では夕食に

よくポトフを作った。このポトフは日本でも紹介されているのでご存じの方も多いと思うが、フランスの代表的な家庭料理の一つとされている。作り方は簡単、大鍋にたっぷりの水とワイン、香草を入れ、肉を塊のまま、野菜も大きいまま二時間ほどゆっくりと煮込むのである。一般家庭ではこれ一品あれば、スープ、肉、野菜とフルコースになると言われている安価で栄養のある料理である。

まずスープを皿にとる。肉と野菜の味がとけ合って何ともいえない美味、熱いのをフーフーさましながら飲むと体中がポッポと温まる。肉は大皿にとってスライスし、ディジョン産の粒マスタードを添えて食べる。硬いすね肉がとろけるように柔らかくなっていて、ナイフも要らないくらいである。最後にポロねぎ、カブ、人参などの野菜を食べる。

八百屋さんはちょっと縮れ毛のジャン＝ポール・ベルモンドみたいなお兄さんだが、娘と一緒に行くと特に愛想がよくなり、

「マドモワゼル、年はいくつ?」などと聞く。

「十六歳」と娘。

「ぼくと結婚して」

「まだ若すぎるから、ダメ」

とにべもなく断っているが、全然こたえた様子もなく、

「一年後ならどう？　二年でもいいよ」

などと言うので娘は笑いころげている。若い娘の顔さえ見ればご亭主がプロポーズするので、奥さんがおかしそうに笑いながら見ている。この人は「プロポーズのお兄さん」、ここの店ではオレンジ、ブドウ、スモモなどの果物をよく買った。

もう一軒の八百屋さんは、ロマンスグレーのおじさんで、いつも渋い低音でシャンソンを口ずさんでいる。歌は「さくらんぼの実る頃」だったり、「枯葉」だったり、古い民謡だったりその日の気分で変わるが、とても良い声なので聞き惚れるほどである。この店ではアボカド、アーティチョーク、メロンなどを買う。この人は「低音のおじさん」である。アボカドを買う時は軽く皮にふれてみて弾力のあるぐらいのを選ぶ。

「いつ使いますか？　今日ならこれがいい。これは暖かい所に二、三日おけばちょうどよい柔らかさになりますよ」

と一緒に選んでくれる。よく熟したアボカドはまるでチーズのようにねっとりとコクがあっておいしく、これが植物かと思うほどである。アボカドは東京でも八百屋さんなどで見かけるようになり、今ではたやすく手に入るようになった。二つ割りにするとびっくりするほど大きな固い種子がころりと取れる。フランスではそのくぼみにヴィネグレットソースを注いで食べるが、日本風にわさび醤油のたれで食べると、さっぱりとしてなかなか乙な味である。

アーティチョークは一見サボテンのような緑色の野菜で、グロテスクな外見の割にくせのない味である。大鍋で四十五分間ゆで、熱いのをバターソースで食べるか、冷やしてヴィネグレットソースに浸しながら食べる。果肉のついた葉を一枚ずつはがし、ソースにつけ、歯でしごく。せっせと口と手を動かし息もつかずに食べ、お皿のまわりにぐるりと葉っぱを積み上げていく。葉っぱの味も悪くないが、芯を食べる楽しみのために一生懸命食べているようなものである。葉っぱを食べ終えると絹糸のような毛がたくさん生えているのに出合うが、これは食べられないので取り除く。そして最後に円型の河童のお皿のような柔らかい芯が出てくる。この部分だけをサラダにしたりグラタンにしたり、あるいはバター炒めにしてステーキに添えたりする。芯だけを缶詰めにしたものもあるが、とても生の味には及ばない。二度三度と食べているうちに虜になる味で、トウモロコシ、あるいは空豆の味に似ている、と言われている。

朝市や個人商店の他に、フランスにもアメリカほどではないが、かなり大きなスーパーマーケットがあちこちに見られるようになった。車を持って郊外に住んでいる人たちは重い物をまとめてスーパーマーケットで買うが、私たちは車を持たず市内に住んだので、もっぱら近所の食料品店や惣菜屋、それに朝市やムフタール市場を愛用した。個人的な好みを言えば、私はスーパーマーケットよりも朝市や個人の店のほうが好きである。何よりもこれらの店では売り手と買い手の間にコミュニケーションがあるし、心が通い合う。一つ一つ手に取って品定めを

朝市で買い物する夫

し、冗談を言い合い、お天気の良し悪しやヴァカンスの予定が話題に上り、家族の健康をたずね合ったりしている。

スーパーでは品物を自分でカゴに入れ、レジで黙ってお金を払えばそれで済んでしまう。フランス語ができなくても困らないから確かに便利であるし、一言も口を利かずにそうやってパリに十年も住んでいる人もいるそうである。

アメリカでは、私たちが住んだ十五年前にすでに広いパーキング場を備えたスーパーマーケットが各所にあり、人々はほとんどスーパーで一週間分くらいの食料品をまとめ買いし、冷凍食品、ＴＶディナー（トレイにのせた冷凍定食セット）も日常生活の一部になっていた。

フランスの主婦の買い物の仕方を見ていると、アメリカよりは日本の主婦の買い物の習慣に近いような印象を受けた。肉、魚、野菜、果物などの生鮮食品は毎日か一日おきくらいに買いに出かけるし、パンに至っては毎食前焼きたてのパンを買いに走る。フランスのパンのおいしさ、これはやはり世界一だと思う。何人かのフランス人の説によれば、中でもパリのパンが一番おいしいそうである。

朝食のための第一回のパンが食料品店に配達されるのは午前六時半頃だから、パン屋さんでパンが焼き上がるのはそれよりさらに早い。二回目が十時半、三回目が四時半に配達されるので、その都度まだ温かみのあるパンを食卓にのせることができるのである。パンには細長いグループのバゲット、バタール、パリジャンなど、ずんぐり太いグループの田舎パン、セーグルパン、丸型のブール、それにクロワッサンやブリオシュなどがある。大家族の人は、「バゲット三本ください」と小脇にたくさん抱えていく。小人数の家族では、「田舎パンを半分ください」というような買い方をしている。私たちも三人家族で一個買うと多すぎて、毎食少しずつ余った乾パンが山のようにできてしまった。パン粉を作ったり、ハンバーグに混ぜたり、フレンチトーストにしたりするのだが、それでもまだ追いつかない。つまり買いすぎるのである、ということが分かり、後にはフランス人にならって、

「バゲットを半本ください」

と勇気を出して言うようになった。　フランス人の買い物の仕方は実に徹底して無駄がない。

「ハムを一枚ください」

とお惣菜屋さんで言っている人がいてびっくりした。聞き違いかなと思うと、お店の人がハムを一枚だけ切って紙に包んでいる。日本ではハム一枚買う人はいないだろうと思う。フランスで単にハムと言った場合は日本でボンレスハムと呼ばれているハムのことを指す。ハム一枚が二フラン（百円）程度、これにサラダとパンにワインがあれば独身者のお昼ごはんとして十分。このお惣菜屋さんにはありとあらゆる種類のすぐ食べられるおかずが並んでいる。何十種のハム、ソーセージ、ローストビーフ、ローストポーク、パテやテリーヌ、ピーマンの肉詰め、ニシンの酢漬けにザワークラウト、色とりどりのサラダ、見ているだけでも楽しい。一キロいくらと書かれているが、例えばソーセージ数本、肉詰め一個、サラダを百グラムずつ何種類か買ってもちっとも差し支えないのだ。時間がない時、もう一品ほしい時、パリの人たちはお惣菜屋さんをよく利用する。住んでいる人だけでなく、旅行者もお惣菜屋さんで上手に買い物をすれば、レストランよりも安上がりで変化に富んだ食事を楽しむことができる。どこの国でも市場にはその国の人々の暮らしぶりがよく表れていておもしろいが、特にフランスでは朝市を抜きにしては市民の生活が成り立たないほどである。

向こう三軒両隣り

スクワール・ド・ポール・ロワイヤル六番地。パリのセーヌ川左岸、十三区にある静かなアパルトマン、ここが私たちの住んだ所である。

このスクワールの東西にはポール・ロワイヤル大通りとアラゴ大通りが走っている。ポール・ロワイヤルには鈴懸けの大木が、アラゴにはマロニエのこんもりした緑が陰を作っていて、白やピンクの釣り鐘型のマロニエの花が咲く五月から六月にかけては、甘い花の香りが道一杯に漂う。

スクワールの南北には、グラシェール通りとサンテ通りがあり、スクワールの正門がサンテ通りに面している。従ってスクワールはサンテ通り十六番地というもう一つの番地も持っている。

このサンテ通りには、かの有名なサンテ刑務所があり、高さ何十メートルもあろうかという石の塀が黒々とそびえている。一昔前にはアルセーヌ・ルパンが、近くは怪盗メスリーヌがサンテ刑務所を脱獄し、逃走中に警官隊に銃撃された話が、詳しく日本の新聞にも報道されたので、ご記憶の方々もあることと思う。

メスリーヌは一体どうやってサンテ刑務所から逃げ出したのだろうか。あの高い塀を越えるなんて不可能だし、出入口には二十四時間警官が立ち番をしていて、アリの這い出る隙間もない。しかし、めったに事件も起こらないらしく、警官たちは暇なのか、私たちがその前を通ると、ニコニコして、

「ボンジュール、シュー、ダム！」

と声をかけてくる。東京から遊びに来ていた大学生の姪と娘が二人で出かけた時などは、引き止められて十五分も話しこんできたそうである。メスリーヌならその隙に逃げ出せたかもしれない。

若い日本人の娘というのは、よほど珍しいのだろうか、どこへ行っても好奇の目で見つめられ、娘は閉口していた。パリのような国際都市で、外国人など掃いて捨てるほどいる町なのに、娘を連れて歩くと、きまって人々の視線が集中する。念のため書き添えるが、娘はごく普通の容姿である。

「日本人は外国人をジロジロ見る。これは大変失礼なことである。こんなことをするのは日本人だけだ」という説があるが、欧米人も同じである。珍しいもの、興味を引くものは、飽かず無遠慮に眺める。

バス停やメトロの駅で待っている間とか、映画館で開館前にちょっとした行列ができる時など、私たちが列の後に加わると、前の人が振り返って見る。それこそ頭のてっぺんから足の先まで。初めのうちは、

「私そんなにキレイ?」

などと冗談を言っていた娘も、

「ちょっと見て、ママ、私の顔に何かついてる?」

と私の腕をつつく。見ると、前に並んでいた十人ばかりの人が全員クルリと向きを変えて、こちらを見ているのだった。カルチエ・ラタンの小さな名画座前でのことである。

フランス人は非常に好奇心旺盛な国民だが、個人主義の国だから決して他人の生活には干渉しない。ドイツでは、庭の草木の手入れを怠っていたり、ガラス窓が汚れていたりすると、隣近所から注意されるそうだが、フランスではまずそういうことはない。隣人がどんな生活をしていようと、他人に迷惑をかけない限り、誰も文句を言わない。その意味では、まことに暮らしやすい所である。

引っ越した場合、日本なら向こう三軒両隣りに挨拶するが、パリでは管理人に挨拶し心付けを渡すだけで、その他は何も必要ない。アメリカでは逆に古い住民が新しい住民にプレゼントを持って挨拶に来る、という習慣があって、それはそれで温かい歓迎を受けた、という気持ちがしてうれしかったものだ。パリでは、たまたま出会ったら、

「ボンジュール」

と互いに挨拶を交わすだけである。

家主さんの話では、上階に住んでいるのがムッシュー・モノという作家、下の階の住人はピアニストで独身の女性だということであった。日曜日の朝など、寝坊をしてうつらうつらしていると、遠くのほうから妙なる調べが聞こえてくる。一階のピアニストが練習をしているらしい。大抵はクラシックだが、時には気分を変えてポピュラーなBGM風の曲を弾いていることもある。どんな女性が弾いているのだろうか。若くて美しい人が白魚のような指で弾いているのかもしれない、などと想像してみる。

音はすれども姿は見えず、なかなか出会うチャンスはなかったが、ある時階段を降りて行くと、一階の扉が開いて銀髪の女の人が出てきた。

「ボンジュール、マダム」

と言うと、

「マドモワゼルよ」

と直された。あっ、この人がピアニストのマドモワゼルだったのか。若い人ではなかったが、スラリとした長身に、ベルベットの紺のブレザーとワイン色のブラウスは若々しくてシックだった。

一階のピアニストの演奏はむしろ楽しみにして聴いていたが、三階の作家の立てる音はいささか趣を異にしていた。この七十歳くらいの、白髪の老作家の一日は判で押したように決まっていて、朝七時半起床、昼間はひっきりなしに家具類を引きずったり、動かしたり、歩き回ったりしている。夜は十一時頃、ドシン、バタンと折りたたみ式ベッドを伸ばし、十一時半頃就寝というスケジュールである。

なぜそんなに詳しく分かるかというと、絨緞を敷いていない木の床の上を革靴で歩き回るので、上の音がもろに下に伝わるのである。昼間はそれほど気にならないが、娘が翌朝早く登校する、という日などは、寝室の真上で動物園のクマのように行ったり来たりが始まると、気になって眠れない。

「モノさん、早く寝てくれないかな。どうしてあんなに歩き回ってるのかしら」

「作家なんだから、歩きながら小説の構想を練ってるんだろう、きっと。もう三十分の我慢だ」

「歩いてばっかりで、いつ原稿書くのかしら」

「あんまり売れない作家みたいだよ」

「モノ一族というと、フランスではちょっと知られた存在なんですってね、ノーベル賞をもらった人もいるらしいわ」

ドシン、ドシン（靴の音）

「あーあ、頭にひびく」

バターン（ベッドを広げる音）

「やれやれ、やっとご就寝だ」

ガツン（靴をぬいで投げ出す音）

「せめて絨緞を敷いてくれるとか、柔らかい音のしない室内履きを履くとかしてくれるといいんだけど」

「スリッパでもプレゼントするか」

毎日毎日くり返される、頭上の少々大きすぎる音に閉口して、家主さんに話してみようということになった。家主のPさんは、夫からその話を聞くと、本当に困ったような顔をしてこう言った。

「実は私もムッシュー・モノの騒音には十五年間苦しみました」

「十五年間？」

「彼はとても良い人だし、われわれは昔からの友人なので、とてもその話を持ち出せなかったのです。でも、もしあなた方がお困りなら、彼に話してみましょう。自分のことでないので、かえって言いやすい、ということもありますから」

Pさんは本当に優しくて気の弱い人で、自分の権利を主張するフランス人には珍しい男性だった。彼はつい最近までこのアパルトマンに住んでいたので、事情はよく知っていたようである。

数日後、気のせいかモノさんの足音がいくらか軽くなった。家主さんから電話があって、モノさんにその話をしたら、「夜八時以降は室内履きに履き替える」と約束してくれたそうである。几張面な人で、それ以来夜八時になると、必ず部屋履きに履き替えているようであった。

家主のPさんは、動物学者としてフランスではかなり名を知られた人で、毎週テレビの動物番組に出演しているということであった。穏やかな人柄の親切な人だったが、フランス人らしくなかなかの倹約家であった。入居した時、

「ガラスがちょっと割れてますが、ガラスとパテも用意してあるので、すぐ直します」

ということだった。三箇所ばかりヒビの入ったガラス窓は、ビニールテープで補修してあったので、差し当たって隙間風が入って困るというほどではなかった。

「急ぎませんから、お暇な時でけっこうですよ、プロフェッスール《教授》。お仕事がいろいろおあり

でしょう。お忙しいところをすみません」

と夫が言うと、

「実は来週、学会に出席のためロンドンに行くので、帰って来たら早速直しましょう、プロフェッスール」

夫とＰ氏は、互いに教授などと呼び合ったりして、調子のいいことこの上ないが、この割れたガラス窓は私たちが帰国するまで、ついに修理されることなく、一年間そのままだった。ガラス屋さんを呼べばすぐ直るのだが、高くつくから自分で直そうというつもりらしい。学者としてはいくら優秀な人でも、ガラスはどこから手をつけていいかわからなかったのではないか。

「台所のオーブンもちょっと故障してますが、近いうちに直します」

という約束もなかなか実行される気配がない。一ヵ月くらいたった頃、ちょうど知り合ったアメリカ人のＧさんにその話をしたところ、

「一ヵ月たってもまだ直さないって？　フランス人の言うすぐは三週間、近いうちっていうのは三ヵ月、いや六ヵ月かな。解決法はただ一つ、催促すること。それも顔を見る度にね。でなければ永久に来ませんよ」

「本当ですか、じゃすぐに催促しましょう、帰るまでに直してくれるといいんですけど」

「アメリカなら、故障したら電話をかける、次の日には飛んで来て、もう直ってる、というの

が普通なんだが」

「日本もそうですよ」

「フランスへ来た当座は、毎日頭にきて怒ってばかりいた。やっとフランス流に慣れてきたところですよ」

どうやら気の短いのは日本人ばかりではなく、アメリカ人も同様らしく、私たち（といってもGさんと私だが）はすっかり意気投合してフランス人の悪口を言い、溜飲を下げたのであった。

早速オーブンの修理を催促したら、家主さんは内心気にはしていたらしく、すぐ電気屋に電話をかけてくれた。三日目には修理人がやってきて、オーブンを直していった。フランスにしては異例の早さである。やっぱり諦めないで言ってみるものだ。修理代がいくらかかったかは知らないが、フランスでは出張修理の費用が高いので、きっと身を切られる思いで支払ってくれたに違いない。なんだかこっちのほうが悪いことをしたような気持ちであった。

実際、電気や水道などのちょっとした故障なら、P氏みずから七ツ道具の入った大きな箱をぶらさげてきて直してくれた。汗ダクになって修理してくれたのを見ると、文句は言えないのだが、しばしば修理前と同じか、それよりもひどい結果になってしまうのである。

「さあ、直りましたよ、様子を見てみましょう。どうですか、スイッチを入れてみましょう、まさか爆発はしないと思います」

などと冗談を言いながら、電気のスイッチを入れたら、ドカンと大きな音がして火花が散り、せっかくつないだコードの接続部分が吹っ飛んでしまった。どうやらプラスをマイナスにつないでしまったらしいのだ。夫が慰め顔に、

「気になさることはありません、ぼくも電気のことは、からきしダメです。動物学と仏文学の知識では、やはり電気関係は無理のようですね」

　P氏はピカピカの七ツ道具の入った箱を指して、

「道具は完璧なんですが、私に不足しているのは技術です。本当に面目ない、私は皆さんの前で大失敗をして、物笑いになりました」

　おかしいやら気の毒やらで、私たちは笑いをかみころしていたが、P氏は、ガックリ肩を落としてアパルトマンの玄関を出ていった。

娘の学校――サン・ジョゼフ学院

フランスでは娘をどんな学校に入れるか、これはなかなか難しい問題だった。パリには日本人子女のための日本人学校があるが、義務教育の中学三年までで、中学を卒業した娘は入れない。とするとフランス人の子供たちの行っている公立学校、あるいはカトリックの私立学校、外交官や外国の王族の子女などの行く国際学校などがある。規則書を見ていた夫が笑い出して、

「おもしろいことが書いてあるよ。〝わが校では大変おいしい食事とおやつを出します〟とさ」

「日本の学校ならまず設備とか教育内容を強調するところでしょうね」

「教育内容ももちろん書いてあるけれど、食事にも同じくらいスペースを割いてあるところを見ると、よほど食事が大切らしい」

「フランス人らしいわね」

「せっかくフランスに行くんだから、日本人学校よりもフランス人の学校のほうがいいんじゃないか。日本の勉強は少し遅れるかもしれないが、それくらい長い目で見れば大したことはないだろう」

「戦前に駐仏大使として行かれた方の夫人は、フランスの小学校に入学してＡＢＣから勉強なさったそうよ。小学校に入れてみてはどうかしら？」

「やっぱり同年代の友だちがほしいだろう。寄宿舎に入ったら友だちもできるし、フランス語も早くうまくなるよ」

「垂穂はどう？　寄宿舎に入ってみる？」

「そうね、やってみる」

フランス語はまるでゼロの娘が何と言うかな、と思っていたら、あっさり寄宿舎に入る、と言う。そうして入学することに決まったのが、サン・ジョゼフ学院である。パリの中心部から地下鉄とバスで約一時間、ブーローニュの森の入り口にあるこの学校は一八六七年創立、百十数年の歴史を持つ質実なカトリックの女子校で、幼稚園からバカロレア（大学入学資格）までの生徒が約千人ほど在籍している。入学半年後には学制改革により、男女共学となった。

夫の大学の先輩で、パリ日本館長として赴任されていた仏文学者のＫ氏ご夫妻は、やはり高一のお嬢さんのＹさんをこの学校に寄宿生として入学させ、一年間の勉学を終えて帰国されるところであった。ご夫妻とＹさんを交えて、この学校のことをいろいろ伺い、私たちも娘を同じ学校へ入れよう、と決めた。日本の友人たちは、寄宿舎に入れるなんてかわいそうに、と娘に同情したそうだが、日本ではカトリックの学校と聞くと、小説『小公女』などに出てくる怖いムチを持った先生を想像してしまうらしい。もちろんそんな話は前世紀の伝説に過ぎず、シスターたちも尼僧服ではなく、普通の服装の方々がほとんどで、先生方の中にはマドモワゼルも、そしてマダムさえいらっしゃる、というごく普通の学校であった。

　第一日目、両手に教科書や着替えを詰めた大きなカバンをさげて登校すると、玄関には学年主任のアニエス先生がふくよかな笑顔で待っていてくださった。

「ボンジュール、タリホ。荷物は私が持ちましょう」

「いいえ、とんでもない。私どもが寄宿舎まで持って行きます」

「ご両親とはここでお別れすることになっています。あとは私たちにお任せください」

「それでは、よろしくお願いいたします」

「じゃあ、バイバイ」

　重いカバンを軽々と両手に持った体格の良いアニエス先生のあとについて、娘はちょっと手を振ると行ってしまった。寄宿舎の娘の部屋に私たちも行って、荷物の整理を手伝ったりするのかと思っていたら、そんな必要はなく、舎監の楚々としたシスター、マリー・フランスがす

娘を見送った後、ブーローニュの森にて

べて面倒を見てくださるということであった。

あまりにあっけなく簡単に済んでしまった入学手続きの後、手持ち無沙汰の私たち夫婦は校門を出ると、早春のブーローニュの空気を吸いながらしばし散歩をした。垂穂は私たちのたった一人の子供である。いずれは私たちの手から巣立って行く娘であり、私たちがいなくなれば、一人で生きて行かなくてはならない。親子ともに精神的自立ができるように、小さい時から心がけてきたのだが、今回は言葉も通じない外国での寄宿生活とあって、親のほうがいささか緊張していたようだ。

「〝可愛い子には旅をさせよ〟というじゃないか」

「そうね、心配するほどのことはなさそうね。どんな体験談が聞けるか週末が楽しみ」

こうして一年間の寄宿舎生活が始まった。祖母への手紙（後出）で娘も書いているように、朝から晩までフランス語、またフランス語の連続で、その他の科目の勉強もあり、三ヵ月くらいはかなり辛い日々であったようだ。心身ともに疲れ果て、熱を出して寝込んでしまったこともあったが、曲がりなりにも一年間学校生活を続けられたのは、担任のアニエス先生やフランス語担当のスーラール先生、そして級友たちの励ましが大きな心の支えになっていたからに違いない。

週末に娘を迎えに行くと、年少の友人たちが口々に、

「タリホはフランス語がとても上手になってきた」

と親たちにまで気を遣って励ましてくれる。娘は十五歳だったが、一年学年を下げて入学したので、級友はみな年下だった。フランスでは優秀な生徒は飛び級をして上の学年に進むことができるので、クラスの生徒の年齢は十一歳から十四歳まで、とまちまちだった。


最初のうちは、フランス語の勉強だけに専念していてよろしい、という許可が出て、難しいラテン語、理科、歴史などは免除され、それらの授業中もせっせとフランス語の宿題や教科書の予習などをしていたらしい。三ヵ月ほどたったある日、担任のアニエス先生の理科の授業中、指名されて、

「タリホ、フランス語の勉強は進んでいますか。理科の教科書をちょっと読んでごらんなさい」

と言われた。突然のことで何の予習もしていなかったが、娘は立ち上がって教科書をつっかえながら読み始めた。隣席のソフィが時々分からない単語を助けてくれた。

「クラス中がシーンとなって、読み終わったらみんなが〝ブラボー、タリホ、うまくなったね〟って拍手してくれたの。本当にびっくりしちゃった」

と帰宅した娘は興奮ぎみに報告していた。


フランス語の個人レッスンをしてくださったスーラール先生も教えることに情熱を持った、温かい人柄の立派な先生だった。テキストは日本の大学でも使われている『モージェ』で、大

学では一年間で一巻を終えるのが普通だが、スーラール先生は進み方が早く、九ヵ月で二巻を終わり、クリスマス前にはやさしいフランス文学作品集を読み始めた。中にはボードレールやランボーの詩もあり、娘は初めて原語でそれらの作品を読む楽しみを知ったようである。

一年の間には楽しいことばかりでなく、嫌なこともあった。娘は唯一の日本人生徒だったので、珍しさも手伝ってみんながチヤホヤしてくれたが、中には焼きもちから、わざと娘の教科書やノートなどを机の下に落としたり、足をひっかけて転ばせたりする子がいた。どこにもいじめっ子はいるものである。

九月の新学年から男女共学になったが、これはサン・ジョゼフ学院創立以来の出来事で、学校の中はてんやわんやの大混乱、それまでの静かな雰囲気は一変した。男の子の扱いに慣れていないシスターたちが、大きな声を出して叱ったりする光景が見られるようになった。

キャトリエム（中学三年程度）に進級した娘は、第二外国語を選択してスペイン語を習い始めたが、苦しい思いをしてフランス語を学んできたおかげで、外国語に対するコンプレックスがなくなり、スペイン語の暗誦なども楽しげにやっていた。娘の片言のスペイン語は後にスペインを旅行した際、思いもかけず役に立つことになった。そういうことがあると、ますます勉強に対する意気ごみも違ってこようというもので、日本ではあまり勉強をしようという意欲のなかった娘が、別人のように頑張り始めたのには、こちらのほうが驚いたくらいであった。

三月初めの帰国を控えて、サン・ジョゼフ学院の先生方や級友たちには二月一杯でお別れすることになった。最後の登校日に教室へ行くと、娘のために送別のお茶会が準備されており、子供たちが持ち寄ったお小遣いで買ったお餞別の品々や、クラス全員の寄せ書きを贈ってくれた。クラス代表として美少年オリヴィエ君が、

「きみの短いフランス滞在を記念して、これらの品々を贈ります」と挨拶したが、

「タリホにアンブラッセ（頬にキス）してあげなさいよ！」

とクラス中の女の子たちに促され、はにかみながら娘の頬にキスしてくれた、という。長いようで短かったこの一年間は、娘にとって忘れられない思い出となることだろう。

祖母への手紙

一九七八年四月十一日

おばあちゃま、お元気ですか。こちらは厳しい冬も終わりに近づき、少しずつ暖かくなってきていますが、今日はまた寒さがぶり返し、なんと雪まで降ってきて驚きました。ちょうど復活祭の休暇で学校もお休みなので、みんなで買い物に出かけ食料やカセットテープなどを買ってきました。このカセットテープなのですが、私はロック、父がクラ

シックを買って、家へ帰ってかけてみますと、父の買ったカセットがあっというまにテープレコーダーに引っかかって切れそうになってしまったのです。私と母は、

「やっぱりフランスのものはダメね」

とからかいますと、フランスびいきの父は、

「おかしいな、テープの入れ方が悪いのかもしれない。テープレコーダーが悪いんじゃないかな」

となかなかメイド・イン・フランスのテープが悪いことを認めません。結局テープを返しに行って、良いテープと取り替えてもらったのですが、父はフランスのこととなると必ず肩を持つのです。

　たとえば、道路に犬のフンがたくさん落ちていても、

「フランスらしい」とか、

「落ちているものは仕方がない。踏まないように気をつけなさい」

とか日本では考えられなかったようなことを言っています。ライターを買ってくると、

「やっぱりフランスのものは性能がよい」

と得意満面、母がライターの裏を見て、

「これ、フィリピン製よ」と言ったとたん、ひょう変して、

「そう思ったよ、ちょっと火の出が甘いもんな」

とこのような具合です。母と私はあきれるばかりです。

寄宿舎では大きい子や小さい子がみんな一緒に生活しています。一人六畳くらいの個室でベッド、机、洗面台、洋服ダンスなどがついています。食事は、朝はパンとコーヒーかココアなどの簡単なものですが、昼と夜はオードブルに肉と野菜、それにデザートが何種類もつくフルコースです。味も日本の学校給食とは比較にならないくらいおいしいのです。

小学校二、三年生くらいの小さい子たちは人なつこくて、会うと私に飛びついてきてほっぺたにキスしてくれます。寄宿生活は初めてなので少しさみしい時もありますが、なるべく片言のフランス語で話そうと努力しています。しかし言葉が通じないというのはまったく不自由なものですね。友だちに話したいことの何分の一も言えないでイライラします。相手にとっても同じことだろうと思います。

昨日はこんなことがありました。アンヌ・マリーが何か一生懸命教えてくれるのですが、さっぱり分からないのです。それで彼女はとうとう自分の顔を水で濡らして「濡らす」というフランス語の単語 mouiller《ムイエ》を私に教えてくれました。まるでヘレン・ケラーみたいですね。でもとってもうれしかったです。

こんなふうに夜は寄宿舎で友だちと過ごし、昼間は普通の教科を七時間学習し、夕方に国語の先生（つまりフランス語）から課外レッスンを受け、一日二十四時間フランス語に囲まれていますから、頭の中がフランス語で一杯になり、時々寝言にフランス語が出てきたりします。日本の大学でも使われているモージェという人の書いたテキストで勉強していますが、猛スピードで進むので夏休みまでに一巻を終わりそうです。二巻まで終わると相当力がついて、かなりしゃべれるようになるそうで楽しみにしています。それではまた、お元気で。

垂穂

シャルトルへ――フランス人の「田舎の家」

七月も半ばのある日、アパルトマンの玄関に出てみると、何となくあたりが華やかである。どうしたのかなと思ってよく見ると、管理人のムッシュー・デュボワが忙しそうに行ったり来たりして、わがスクワールの正門にも、管理人事務所にも、何十本という赤・白・青の三色旗の小旗を飾りつけている最中であった。そうだ、明日は七月十四日（革命記念日）、パリジャンの一年に一度のお祭りの日である。パリ祭の日には、シャンゼリゼ大通りでパレードが行われる他、何箇所かで花火、バンドの演奏、ダンスパーティなどが行われる、という掲示が街角に張り出されている。夕食後、にぎやかな音楽につられて散歩がてら出てみると、ポール・ロワイヤル大通りの消防署の中庭でダンスパーティが開かれている。老いも若きもみんな楽しそうに踊っている。消防署のブルーの制服を着こんだいなせなお兄さんたちがお客さんの注文を受けては、シャンパンやジュースなどを慣れない手つきで運んでいる。にわかウェイターの署員たちはもうシャンパンで赤い顔、芋を洗うような混雑の中をフラフラしながらお客さんのテーブルにたどり着いた頃には、シャンパンもジュースも半分くらいこぼれてしまっているのだが、双方とも例によって、

「オ・ララ（やれやれ）」と楽しそうである。

パリ祭の時だけでなく、折々に消防署には豆電球のネオンが飾られ、模擬店が出て、音楽やダンスが行われていた。なぜ消防署で？と不思議に思うのだが、地域の人々が大勢集まって陽気に騒ぐ、日本なら神社やお寺で盆踊り大会をするような、そんな雰囲気であった。ダンスの最中にもし火事が起こったらどうするのかな、と思ったが幸いそういうことは一度もなく、人々は今宵一晩何もかも忘れてダンスに興じるのである。翌日ムフタール市場に買い物に行ったら、

「昨夜は一晩中踊り明かして、眠いよ」

と店番の男の子があくびをしていた。

パリ祭がすむと、パリの人々はどっとヴァカンスに出発する。パリから外へ出る車で高速道路はぎっしり埋まってしまう。子供たちは六月末に学校が終わると七月第一週には山や海のキャンプに参加して三週間から一ヵ月くらい留守になるし、大人たちはそれぞれのメゾン・

ド・カンパーニュ（田舎の家）に行ってしまうので、わがスクワールも雨戸を閉じたままのアパルトマンが多くなり、ひっそりとしてしまう。フランス人がどんなにヴァカンスを楽しみにして一年中働いているかは、私たちの想像以上である。長いヴァカンスは夏休みの他、クリスマス、復活祭の休みなどがあり、その他にも折々に聖○○とカトリックの聖者に因んだお休みがある。そして土日の週末があって、その度に、実にまめに「田舎の家」通いをする。

　パリ市というのは私たちの考えるよりはるかに小さく、世田谷区を二つ合わせたほどで、一戸建ての家を建てる余裕はなく、大多数の人々は限られた空間のアパルトマンで庭のない暮らしをしている。緑の木々を植えた庭と広大な「家」と見紛うほどの豪壮なアパルトマンを所有する人々もいないわけではないが、それはほんの一握りの大金持ちだけである。大部分の人々は、パリ郊外に、こぢんまりした別荘を持ち（といっても日本の建売住宅の何倍かはあるが）、パリ市内では味わえない田園の生活を楽しんでいる。別荘を持たない人々も中にはいるのだが、そういう人々は物価の安いスペイン、ポルトガル、ギリシャなどに家やアパルトマンを借りて長期に滞在する。ヴァカンスに出かけないのは「田舎の家」もお金もない外国人くらいなものであろう。

　それではフランス人たちは、あの花に囲まれた田園の別荘でどんな暮らしをしているのだろうか。中を見ることはできないだろうか。ちょうどそんな折、たまたま、招かれて垣間見ることができたあるフランス人の「田舎の家」をご紹介したい。それは娘の学校でフランス語とラテン語の教鞭をとっておられるスーラール先生のお宅で、パリ郊外のシャルトルにあった。

　パリ、ブーローニュのサン・ジョゼフ学院には、一九七七年から八〇年にかけて、三人の日本人少女が在学したが、そのパイオニアである第一番目の少女、Yさんは健気にも「日本人の名を辱めぬよう」頑張った結果、しつけの良い（フランスではこれが一番肝心）、勉強もよくできる生徒として、優等生の評価を勝ち得たのであった。続く娘の垂穂、そして三番目のSさんは、おかげでフリーパスの入学を許可されたが、二人もやはり「日本人」の評判を落とさぬよう、「日本にいる時だってこんなに勉強したことはなかった」と言うほど、頑張ったのである。フランス語はまったくゼロのこの少女たちに課外で個人レッスンをしてくださり、約半年で授業について行けるまでにフランス語の力をつけてくださったのが、このスーラール先生であった。

　三人三様に個性のある少女たちは、スーラール先生にとっても初めての日本人との出会いであり、非常に可愛がってくださった。

「日本の子供たちは勉強もよくできるが、しつけが良く、礼儀正しく思いやりがあります」

とお褒めの言葉を頂いたのである。平素の娘（少なくともわが娘）を知る親たちにとっては、いささか面映ゆいくらいの讃辞だったが、子供たちも外国にあって、日本人であるという自覚とプライドを多少は持ったのであろうか。先生は子供たちの親である私たちにも好意を持ってくださったらしく、シャルトルの別荘にお招きを頂いたのは、夏休みに入って間もなくのことであった。

「親が先生を食事にお招きする、ということはあるけれど、これではまるで逆だね」

「フランスでもめったにないことらしいですよ」

同行のK氏ご夫妻とともに、そんな会話を交わしながら、私たちはパリから八十キロほど離れたシャルトルへ向かった。高速道路に乗るともう両側は緑の畑がどこまでも続く田園で、菜の花の黄色い絨毯、朱色のコクリコ（ヒナゲシ）の花が色どりを添える。やがて、遠くの小高い丘の上に突然大聖堂の尖塔が姿を現す。シャルトルは古くから巡礼地として知られ、シャルトル・ブルーと呼ばれる美しいステンドグラスの大聖堂で有名である。何日も、もしかしたら何十日も歩き続けてきた巡礼たちが、初めて視界の中に目指す聖地をとらえる瞬間である。どんなに遠くからでも一目で分かるように、大聖堂は一際高い、遮る物は何もない所に建てられている。私たちは大聖堂前に車を止め、ブルーの美しいステンドグラスを一枚一枚眺め、一部分を模したガラスの破片を記念に求めた。

約束の正午にスーラール先生のお家に着くと、まず目に入ったのは暖炉に赤々と燃える火、そしてその火の前でジュージューと音を立てながら、ぐるりぐるりと回って、キツネ色にこん

がり焼けている仔羊の腿だった。ご主人の説明では、

「仔羊はしめてから三日目くらい、牛は一週間目くらいが食べ頃です。この仔羊も家の農場で育てたもので、特に今日のために三日前から準備させたのですよ」

「農場がこの敷地の中に!?　どれくらいの広さがあるのですか？」

「約五エーカー（六千百二十坪）あります」

「これだけの農場と畑をどなたが管理なさるのです？」

「あそこに小さな家があるでしょう。牧夫一家が住んでいて、農場や畑仕事をやっています」

「牧夫！」

まるで一世紀も前にさかのぼって、ミレーの「落穂拾い」の時代にタイムスリップしたのではないかと錯覚しそうであった。

「私たちはとても運が良くてね、牧夫にはまったく給料を払っていないのです。彼の娘は生まれつき障害があり、彼は娘のために空気の良い田舎で生活したいと希望していました。私たちは家と土地を無償で提供し、農園の管理をしてもらう、という約束を互いに交わしたわけです。彼の一家もここで健康的な自給自足の生活ができる、と喜んでいるようだし、私たちも満足しています」

門の脇に牧夫の家がある他は隣家も見えない広さである。この敷地には三十年間も空き家に

なっていたさる伯爵夫人の古い城が建っていたが、格安で買い取って現在の自宅と農場を造ったのだそうである。城は取り壊したが、中にあった伯爵家の紋章入りの家具は、今時手に入らないような骨董品で、そのまま使っている、とのことであった。厚手の樫材で造られた十二人掛けのテーブルとそろいの椅子、鍛冶屋のふいごだったというお茶用のローテーブル、食器戸棚など、すべてしっかりとした造りで、時代物らしいつやがある。

昼食のメニューは次のようなものであった。

オードブル、卵、オリーブ、サラダ菜
仔羊の腿ロースト
白いんげんグラタン
サラダ
チーズ
デザート、イチゴのタルト
コーヒー
赤ワイン
田舎風パン

このうち、自家製でないものはオリーブとコーヒーくらいで、あとは全部自家農場や菜園でとれたものばかりであった。卵はもちろん生みたて、固ゆでにして黄味を取り出し、マヨネーズで和えて白味の中にこんもりと盛り、オリーブの実とサラダ菜を飾ったシンプルなオードブル。仔羊は暖炉で焼けたのをナイフで薄切りにして肉汁を添えたもの、脂の乗り具合といい、柔らかさといい申し分ない味である。白いんげんは水に二十四時間浸けて戻したものをオーブンで焼き上げる。ヤギのチーズはフランス人の好物で、ヤギの乳をしぼって栗の葉に包み発酵させたもの。栗の葉は香りをつけるためと、乾燥を防ぐためだそうである。仔羊もヤギのチーズも自家製の赤ワインとよく合う。このワインも先生の実家のブドウ園から毎年送られてくるのである。最後に出たイチゴのタルトのおいしさは、何に例えたらよいだろうか。上質なバターをたっぷり使って、陶器のタルト型で焼き上げた生地に、畑から摘んできた新鮮なイチゴをのせ、スグリの実のシロップを上からかける。イチゴとシロップは、食べる直前にのせなければならない。でないとせっかくのサックリとした生地の味わいが失われてしまうからだ。お菓子屋さんのタルトは見た目には美しいが、一般に甘すぎるし、シロップが生地にしみこんでベトついているのでどうしても味が落ちる。一流レストランに行けば、確かにおいしいお菓子を食べさせてくれるが、特別に注文しておかなければならないし、何しろ目の玉が飛び出るほど高いのである。デザートはやはり、自家製が一番である。スーラール先生から伝授されたタルトの作り方は、私の料理カードの中に大切に加えられ、わが家の食卓にも何度か登場して、人気のあるデザートになっている。

パリからたった一時間余りの所で、こんな田園そのものの生活が現代のフランスではまだ可能だ、ということが私たちにとってまず最大の驚きであった。深い緑の木立、畑や農場、澄んだ空気の中で過ごす晴耕雨読のヴァカンス、自給自足の生活、なんという贅沢であろう。日本では多分、どんなにお金を積んでも購うことのできない、人間らしい生活ではあるまいか。東京から一時間の所に六千坪余りの土地を持つ、などということはおろか、百坪の土地にさえ庶民の手は届かない。日本の土地は世界一高いそうだが、その狭い高い土地に、一戸建ての小さい家をゴチャゴチャと建てるので、東京はますます狭くなる。いっそ東京もパリと同じように東京都内は高さをそろえた建物だけを許可し、アパルトマンばかりにしたらどうだろう。余った土地は道路を広くし、緑地にあてる。日照権の問題もなくなるのではないか。パリでは一世紀も前にそれを実行してしまったが、東京ではまず不可能に違いない。なぜかというと、百年以上前にフランスには一人の天才政治家オスマンがいて、パリの都市計画を強力に推し進めたが、日本にはそのような先見の明を持った政治家や役人はいなかったからである。

一つの国の生活水準を測るには、住宅を見ると一番よく分かると言われている。衣・食・住のうち、衣はフランスより日本のほうが品質がよく値段も安い。食は甲乙つけがたい。住宅はフランスのほうが断然良い。先日、ＥＣ（現ＥＵ）のさる偉い人が、「日本人はウサギ小屋に住んでいる」と評して物議をかもしたが、フランス人から見たらそうかもしれない、と残念ながら思う。日本のGNPはもうフランスをとっくに追い越しているが、その国の豊かさというものは、統計に表れた数字だけで優劣を論じられるものではない、ということがよく分かる。フランスでは日本に比べると相続税がゼロに等しいほど少ないので、先祖代々の財産の蓄積が厚い。スーラール夫妻と同じ年収の、中流の上くらいの日本のサラリーマンの経済的基盤を比較してみれば、その差は明らかであろう。

最近の新聞の報道によると、日本では住宅ローンの返済に行き詰まり、せっかく手に入れた持ち家を手放さねばならなかったり、一家心中など破滅への道をたどる人が増えている、という。一生懸命まじめに働いて定年になる頃には、フランス並みとはいかずとも、せめて百坪の土地と五十坪の家が自分の物になっている、という夢をかなえてくれる政治家はいないものか。そんな人がいたら頼まれなくても喜んで一票を投じてあげるのに。

ブルターニュ・キャンプ便り

一九七八年七月十六日

パパ、ママ、お元気ですか。出発のときはお見送りをどうもありがとうございました。私たちはモンパルナス駅を出発すると、夜行列車の寝台（六人一室）に寝て行きましたが、たった五時間くらいしか眠れなかったので、みんな「ソメーユ、ソメーユ（眠い、眠い）」と言い合っていました。汽車ではSちゃん、マリー・ソフィと一緒でした。朝五時に目的地のヴァンヌ駅に着いたときはまだ真っ暗で寒かったので、ママが選んでくれたジャンパーがちょうど良かったです。

駅前のカフェレストランで、クロワッサンとコーヒーの朝食を一学年上の子たちと一緒にとりましたが、三月までサン・ジョゼフにいた、Yちゃんのクラスメイトの人たちだったので、いろいろ話も合い、可能な限りのフランス語を使っておしゃべりをしました。そのカフェで、サン・ジョゼフ学院のマルセイユ校からのグループと落ち合い、バスでキャンプ地へ向かいました。キャンプ地は駅から二十分くらい、周りは畑でとても空気はいいし、天気はいいし、雨続きのパリから来ると、ブルターニュは別天地です。

まずみんなでテント張り、もちろん男の人など一人もいませんから女手だけですべてやります。でも若いシスターの先生たちは慣れているし、大きい女の子たちも上手な人が多くて驚きました。テントの仲間は四人で、Sちゃんとは別れ別れになりました。私はマルセイユから来た三人の女の子と一緒です。

大変なことが一つありました。それは前もって送った荷物のうち、Sちゃんのリュックサックだけがどこにもないのです。キャンプに着いてからそのことに気がついて大騒ぎになりました。先生がもう一度駅に探しに行ってくださいましたが見つからず、駅で汽車から降ろし忘れたのではないか、ということでした。ちゃんとヴァンヌ駅行きと宛名が書いてあるのに、いったいどうしたのでしょう。中には洗面道具、運動靴、ジーパンなどキャンプ用品が入っていてずいぶん困ったことになってしまいました。先生たちは、

「私たちの責任ではないし、あなたの責任でもない」

などと言っています。相変わらずフランス人の仕事は間が抜けていますね。

テントを張った後、簡単な昼食をポテトチップ、鶏肉、ケーキなどですませました。生徒たちは食事を作る班、日記をつけて夕食後に発表する班、後片づけ班などに分かれ、毎日交代することになりました。私たちは食事班になったので、トマト・サラダを作ったり、パンを切ったり、カンヅメのカン開けを手伝ったりしました。三十人分ですからスゴいジャンボカンヅメです。若いシスターたちは魚のクリームソース煮などを作ってくださいましたが、とても上手です。

　最初の夜は十時ごろ寝て、翌朝九時ごろ各テントを回って先生方が起こしに来てくださって目が覚めました。夜中は相当寒く、羽毛入りの例の寝袋に入っていても震えるくらいでした。朝食はパンと牛乳またはココア、十時には近くの村の教会に行ってミサを聞きました。自由時間に手紙の続きを書いていたら、友だちが二人寄ってきて珍しそうに見ています。日本語を覚えたいというので、日本語の数、はい、いいえ、を教えたらうまく覚えられたようです。それから、

「メルドはなんて言うの?」と聞くので、

「クソ、コンチクショウって言うのよ」と教えたら早速他の子たちと、

「クソ、コンチクショウ」

と日本語でやり合っています。さすが子供は悪い言葉を覚えるのが早いと感心し、恐ろしくも

なりました。

昼食は仔牛のステーキとジャガイモのつぶしたもの、メロンとエクレアでした。先生が
「十五歳以上の人は手を挙げて」

と言われたので何かと思ったら肉が二枚余っているので、大きい子にあげようというわけでした。合計二枚の肉を平らげたので、それに太陽の光の強さもあってグッタリしてしまいました。夕方までの自由時間は手紙を書いたり、他のテントへ行ってゲームをしたり、海岸まで散歩して砂や貝がらで動物や船の形を作るコンクールをしたりしました。

三日目はゆっくり寝て朝十時に起きました。夜はすごく寒くしんしんと冷えますが、朝九時ごろにはおどろくほど暑くなってくるのは不思議です。昼と夜の気温差がとっても大きいのですよ。真っ青な空、強烈な太陽の日ざしのブルターニュは、どんよりと曇った空から時々うす日がさすパリとは大違いです。

四日目、班ごとに自転車で出発し、八キロくらい先まで地図を頼りにオリエンテーリングをしたのです。途中の何ヵ所かで先生が待っていてくださって、休みながら進むので楽でした。古いお城やきれいな家、たくさんのキャンプ場やテントが走りながら見えて快適でした。最終地点はきれいな海で、そこで昼食をとり午後を過ごしました。水が冷たいので海には入りませんでしたが、日光浴をして肌を焼いたり、砂をかけ合って遊んだりしてすごく楽しかったです。

日焼けどめクリームは無くても平気だと思っていたのですが、日ざしの強いこと、まさかこれほどとは思わなかった。とにかくカンカン照りで首すじや腕が火ぶくれになってヒリヒリしてきました。帰るころには真っ黒ですよ。もともと黒いけど。フランス人は陽に焼けると真っ赤になるのに、日本人はマロン色になってしまうのですね。やはり黄色人種です。今日初めて生徒の両親たちから手紙が届きました。もし暇があったらお手紙ください。

こちらのことばかり書きましたけど、二人とも元気ですか。スーラール先生の別荘はどうでしたか。私は自然の中で本当に健康的な生活をしていますので安心してください。ここでは水が貴重品で、少し離れた所の農家までもらい水に行きます。もちろんお風呂もシャワーもなく、たらいの中に水をくんで頭や体を洗っています。朝の歯みがきはコップ一杯の水ですませます。

今日は私たちが日記を書く番だったので、日本語とフランス語で読むことになりました。Sちゃんも一緒の班なので、二人で代わりばんこに日本語で読み上げたらみんなおもしろがって喜んでくれました。

食事の後片づけをするとき、シスターのカトリーヌ先生やブリジット先生が、

「みんな来て手伝ってちょうだい」

と呼びかけても、フランス人の子たちは誰も行かないのです。必ず手伝うのはSちゃんと私だけ、何度も呼ばれてやっと何人かが立ってきて手伝います。

「タリホとSはもう行っていいわ。あなたたちは一番早く来てくれたから」

と途中で解放されました。いつも思うのですが、号令一つできちんと列を作ったり、何か一つの行動をするというのがフランス人は苦手のようですね。

五日目、マルセイユ校から参加している若いシスターが医師の国家試験にパスしたという知らせが入って、みんなでキスしたりお祝いを言いました。夜十一時ごろ、ろうそくを囲んでお祈りをしました。私とSちゃんはカトリックではないのだけれど、

「よかったら一緒にどうぞ」

と言われて参加しました。カトリックのお祈りということの意味は、私にはまだよくわかりませんが、お祈りの間、小さな子も一言もしゃべらず、こういうときはきちんとしているのだなと感心しました。

六日目、私たちの班は料理の後片づけです。自分の食器は自分で洗うのであまり多くはありません。それがすむと、先生の車でSちゃんの失くなったリュックサックの中に入っていたもので必要なものを買いに私も一緒に行きました。

昼食は仔牛のモツ、にんじんの煮たもの、りんご、パンなどです。食後グループに分かれて、ブルターニュ探検に出かけたのだけど、歩いての探検だったのでとても足がくたびれました。途中でパン屋さんに寄り、おかしやアイスを食べましたが、ブルターニュのアイスを食べなが

ら、

「日本のかき氷、サーティワンのアイスクリームおいしかったなあ」

「ほんと。フランスより日本のほうがおいしいと思う」

Sちゃんと意見が一致しました。キャンプに帰ると先生が二つ目のトイレを掘っている最中でした。汚い話だけど、一つ目はもう満タンになってしまったのです。すべてがこんなふうに原始生活ですから、日本の教育ママたちが見たら、

「なんて不潔な生活！」とびっくりして腰を抜かすかも。


　このキャンプでも名前では苦労しています。Sちゃんの名前は一発で覚えられたのに、私の名前は「タリコ」だの「タリオ」だの、ひどいのになると「アリコ」（フランス語でいんげん豆）などと呼ばれています。まあ、私の名前のことはもうあきらめていますが。

　ここは蚊がやたらと多く、夜になるとものすごい大群です。先生たちは蚊取線香のうずまきを持って奮闘してくださいますが、一向に減りません。テントの中は、入口の扉を閉めておくのであまり蚊はいません。その代わり、昨夜は珍客がテントの中にいてみんなびっくり。何かというと、エリザベートが町に行って買ってきたクレープを紙袋に入れたまま足もとにおいて寝ていたところ、夜中にガサゴソと音がするので懐中電灯で照らしてみたら、なんと野ねずみがクレープをかじっているではありませんか。もうキャーッと悲鳴を上げてしまいました。

この日初めて雨がポツポツと降りました。三十分くらいですぐ止みましたけれど、地面が濡れちゃって困りました。なにしろ地面で食事もするし、手紙も書くのですから。

七日目、今日は七月十四日、日本ではパリ祭なんて言ってるけれど、フランスの革命記念日なんですね。私たちは三つのグループに分かれ、飾りつけ、レクリエーション、食事を担当します。私は食事班で、ピーナッツ、チーズ、ジュース、パンなどの用意を終えていま手紙を書いています。お祭りは夜七時頃から始まる予定です。では、さようなら。日本から手紙来ていますか？

垂穂

*

一九七八年七月十七日

ママ、お手紙ありがとう。手紙はパリから一日でこちらに着き、ちょうど洗濯しているところへ先生が持ってきてくださいました。私の手紙とちょうど入れちがいでした。

七月十四日のパリ祭では、なんと二人でダンスをしたんですって？　私たちもブルターニュのキャンプ場でダンスをしていましたよ。お祭りではすべての生徒がボヘミアン風の仮装をし

キャンプでの仮装

て楽しく過ごしました。

昼間は暑くてしょうがないので、木かげの涼しいところで友だちと一緒にお返事を書いています。すでに十日が過ぎ、あと十日たてばキャンプも終わりです。本当に一日があっという間に過ぎてしまう、とても健康的な生活を送っています。顔、両腕など出ているところは日ごとに焼けてまっ黒になりました。

キャンプでは先生方のことをみんな〝レスポンポン〟と呼びます。なぜかというと彼女たちはレスポンサーブル（責任者）だからで、レスポンポンはその愛称なのです。このように先生たちのことをアダ名で呼んだり、テュトワイエ（親しい者同士の話し方）で話したりしているのですよ。レスポンポンたちもテュトワイエで話しなさいと言っているのです。ブリジット先生のこともほとんどの人が敬称のシスターを抜かして、〝ブリジット〟と呼んでいるので、初めてのときはびっくりしました。

昨日は七キロくらい離れたところにある古いお城でお祭りがあり、一泳ぎした後みんなで見に行きました。日本の夏祭りとはちょっとイメージが違うけれど、小さなステージがあってブルターニュの民族衣装を着た男女数人の踊り手が音楽に合わせて踊ります。広場には縁日が出て、アイス、オランジーナ（炭酸入りオレンジジュース）、シードル（リンゴ酒）、クレープ、それに古本、ウサギやハムスターなどを売っていました。お小遣いで何か買ってよいといわれていたので、アイスとオランジーナに飛びつきました。


ブルターニュは相変わらず晴天続きで、カンカン照りです。パリの人たちに、

「ブルターニュってどんなところですか？」

と聞いたら、

「お天気さえよければとってもよいところですよ。去年なんか初めから終わりまで雨が降りましたからね」

と言われたけれど、私たちはきっと運が良かったのですね。だんだん、夜もそれほど寒くなくなってきました。ママたちは若いころキャンプ生活をした経験がありますか？　私は初めての

キャンプでいろいろなことが勉強になりました。少しずつですが、フランス語を聞き、話すことが楽になってきたみたいです。Yちゃんのようにキャンプが終わったころにはペーラペラと行くかどうかはわかりませんが。

ではまた。

垂穂

＊

一九七八年七月二十二日

パパ、ママ、お手紙ありがとう。今日受け取りました。プロヴァンスへの旅行楽しかったそうですね。マルセイユの友だちに話したら、

「あら、エックスはマルセイユの近くよ」

と言いました。やっぱりマルセイユには行ったのですね。海はきれいでしたか？　マルセイユの人たちが言うには、ブルターニュより海は温かいそうです。マルセイユからイフ城に船で行ったそうですが、こちらでもそのころ、キャンプ場から二十キロのところまでハアハア言いながら自転車をこぎ、そこから船に乗って二十分くらいのところにあるブルターニュの小島へ

行き、一日を過ごしました。

話は変わって、パパが手紙に〝マ・シェール・スーリ（可愛いねずみへ）〟などと書くものだから、みんながのぞきこんで笑うのです。

着るものは間に合っています。何せあまり着替えないものですから、汚くなっています。あと少しでキャンプも終わり、七月二十八日（金）十九時四十五分、モンパルナス駅着の予定です。今日先生からご両親に伝えなさいと言われました。お迎えお願いします。手紙がたくさん来ているそうで楽しみです。今日三つ目のトイレを作りました。小さい字で書いたけど読めましたか？　お元気で。

垂穂

エックス・アン・プロヴァンスへの旅――ムーナン教授の思い出

七月だというのにパリの朝は肌寒いくらいで、私たちは長袖のカーディガンを羽織り、パリ・リヨン駅からマルセイユ行きの特急列車に乗った。リヨンを過ぎる頃から暖かくなり、だんだん車内の温度が上がってきて、ブラウス一枚でも暑く感じられるほどになった。たっぷり八時間汽車にゆられてやっと終着駅のマルセイユに降り立つと、そこはもう真夏の南フランスであった。気温は三十四度、東京並みの暑さである。駅の構内の販売機を見ると、かき氷入りというのがある。これ、これ、と飛びついて買う。レモン、グレープフルーツのジュースにザクザクした氷の入った飲み物は、やはり南仏の気候にぴったりで、渇いたのどを潤してくれる。

パリ―マルセイユ間の車窓から見える景色は地方色があって見飽きない。南仏に近づくにつれ、建物はベージュ、レンガ色、オレンジなどの暖色系が多くなってきて、同系色を組み合わせたおもちゃのような可愛らしい家々が丘の上や畑の中に建っていたりする。窓辺にはベゴニヤやゼラニウムなどの鉢植えの花が飾られている。農道に植えられた樹々の形がまたおもしろい。気候のせいであんな形になるのだろうか、あるいはわざとそういう形に刈りこんであるのか、まん丸なのである。

ポプラの並木がどこまでもどこまでも続いていて、その木の股のところにまるで風船がふわりと着陸したように、まりものような緑色の植物がたくさん育っているのが見える。大木に着生した別の寄生植物だろうか。畑にはトウモロコシ、小麦などの穀類、野菜などが植えられているが、緑の畑の中に突然目の覚めるようなラベンダーの紫、ヒマワリやエニシダの黄色が飛びこんでくる。ずいぶん前の映画に、果てしなく広がるヒマワリ畑の黄色い絨緞をタイトル・バックに使った『ひまわり』という映画があったが、ちょうどあんなふうに満開のヒマワリの花がどこまでも続いているさまは壮観である。野生のコクリコの燃えるような赤が色どりを添える。フランス民謡にも歌われていて、フランス人には親しまれている花である。

マルセイユから郊外電車に乗り換えると、窓の外から蟬の大合唱が飛びこんできた。なんとフランスにも蟬がいたのか。そういえばラ・フォンテーヌの寓話に『蟬と蟻』という話があったのを思い出した。まだ小学生だった娘に、と以前夫がフランスから持ち帰った本を取り出してみる。暑い夏の間、蟻はせっせと働き食料を蓄えるが、蟬は日がな一日歌って暮らす。やがて木枯しが吹き雪の降る冬がやってきて、蟻は暖かい穴ぐらの中で豊富な食料に囲まれて冬ごもりをしていると蟬がやってくる。

「お願いですから、食べ物を恵んでください。必ず利子をつけてお返しします。これは動物の誓いです」

「夏の間は何をしていたのかい?」

「ずっと歌を歌っていました」

「おや、そうかい。じゃ今度はずっと踊っているがいい」

というあの話である。〝動物の誓い〟というのが何とも言えずおかしい。洋の東西を問わず寓話や童話には残酷な話がなにげなく、コミックに描かれているが、フランスの場合には子供向きにやさしく書かれた絵本でも原作の筋書きを変えたりはしない。ペローの「赤ずきん」の話は、日本では最後に狩人が登場して赤ずきんを助けることになっているが、原作では、

「狼は赤ずきんをパクッと食べてしまいました」

で終わりである。こんなところにもフランスと日本の国民性の違いが見られて興味深い。子供の育て方一つをとっても次のように対照的である。

「人生は困難であり、時には苛酷である。そして世の波風は荒く、厳しい。だから子供が独立できるようになるまでは、その波風から守り、のびのびと育ててやりたい」(日本型)

「人生は困難であり、時には苛酷である。そして世の波風は荒く、厳しい。だからできるだけ早く子供をその波風に当てて訓練し、独立できるようにしてやりたい」(フランス型)(『パリ日本館だより』小林善彦著、中公新書)

さて、マルセイユから電車で四十分ほど行ったところに目的地のエックス・アン・プロヴァンスがあった。南仏というとコート・ダジュール(紺碧海岸)のニース、カンヌ、サントロペなどは日本でもよく知られているが、ガイドブックを開いてもブイヤベースのマルセイユ、民謡「アヴィニヨンの橋の上で」のアヴィニヨン、ドーデの『風車小屋便り』のアルルなどは出てきても、エックス・アン・プロヴァンスはあまり紹介されていないのが残念である。

エックス・アン・プロヴァンスはプロヴァンス地方の中心的都市で、一四八六年にフランスに統合されるまで、名君ルネ王の統治するプロヴァンス王国の都として栄えた歴史ある古都である。美しい街並み、たくさんの噴水や自然に湧き出る泉、大聖堂や美術館などが、訪れる人人の心に安らぎを与えてくれる。毎年七月から八月にかけては国際音楽祭が開かれ音楽ファンをたくさん集めている。私たちの滞在中にちょうど音楽祭が始まり、街の中を散歩していたらどこからか、すばらしいテノールが聞こえてきた。声のする方に行ってみると、大聖堂の小さな中庭にピアノが置かれ、傍らで一人の男性歌手がリハーサルをしている最中であった。大聖堂を訪れる人々もこの歌声にひかれて、三々五々と中庭に集まり、この思いがけない野外のリサイタルに静かに耳を傾けていた。

　エックスの周辺はまた香料の産地としても知られている。紫の穂がどこまでも続くラベンダーの畑は見飽きない美しさである。市内でもあちこちに自生しているラベンダーを見つけることができる。ドライフラワーのような花を摘んでみると強い芳香がして、パリあたりで香袋にして売っているラベンダーとはまるで違うのに驚く。ラベンダーの花びらは香料の原料になる他、干して胃腸薬として薬局などで売られている。煎じ薬にするそうだが、どんな味がするのだろうか。子供の頃、私たちがお腹を壊すと祖母がゲンノショウコが効くと言って煎じ薬にしてくれたのを思い出す。フランス人は煎じ薬が好きらしくて薬局には種々さまざまな草や木を干したものを売っている。ドライブにもお茶の代わりに魔法ビンに詰めて持って行くのだそうである。

　エックスはまたフランス最大のアーモンドの産地で、このアーモンドの粉を使ったカリッソンという菱型のお菓子はエックスの特産である。街を歩いているとカリッソン専門のお菓子屋さんがたくさんあるが、お店の二階からガタンゴトンと機械の音がするのでふと見上げると、お菓子を作っている若い女性と目が合った。にっこり笑って、

「カリッソンですよ」

と言い、窓辺にわざわざ菓子型を持ってきて見せてくれる。

「今、下のお店で買いました」

と持っていた包みを見せると、

「おいしいですよ」

と胸を張って言う。人なつっこい可愛い娘さんたちである。


エックスには、一四〇九年創設の古い歴史を持つエックス・アン・プロヴァンス大学があり、国際的にも著名な教授陣を擁している。私たちを招いてくださったジョルジュ・ムーナン教授も言語学者として世界的に有名な方であり、日本でも何冊かの著書が訳されている。その翻訳を夫がお手伝いした関係で、ムーナン教授には滞仏中にぜひお目にかかりたいと思っていたようである。夏休み中に遊びに来ないかというお便りを頂いたのは六月半ば頃だったろうか。ちょうど七月初めから娘の垂穂はブルターニュのキャンプに出かけていて留守だし、私たち親のほうもその間に小旅行を楽しんでこよう、と早速その申し出をお受けすることにしたのである。

一九七八年の夏、パリは冷夏でずっと十八度から二十度くらいの日が続き、お年寄りはまだ毛皮のコートを着ていたし、私たちもスプリングコートを手放せなかった。パリがこの涼しさでは、エックスはどうだろうか。夏服にすべきか、秋服にすべきか迷った挙げ句、エックスのホテルに電話して聞いたところ、

「もちろん夏服でおいでください。連日三十度を越しています」
と言われてびっくり、同じフランスでも北と南ではずいぶん気候風土に差があるのだということを実感した。

ホテルに着いてムーナン教授にお電話するとすぐに車で飛んで来てくださった。

「今日は旅の疲れを休めていただくため、ボンジュールだけ言いにきました。明日はわが家へ午後のお茶にいらしてください。三時にお迎えに上がりましょう。明後日は、サント・ヴィクトワール山へドライブしてみませんか。山の上のレストランで夕食をご一緒にしましょう。その次の日は…」

お忙しい方にそんなに毎日会っていただけるとは思ってもいなかった私たちは恐縮して、
「いいえ、とんでもない。そんなにご迷惑はかけられません。私たちのことでしたら、自分たちで市内を見たり、周辺の町々を見て歩きますから、どうぞご心配なく」
と申し上げたが、「エックスは私の町です」と言われてしまった。

翌日、クロテ（もとは中世の城、教会で使われた屏風転じて「崖の上に張り出した土地」の意）と呼ばれる郊外のムーナン家に伺った。広いお庭には大きな菩提樹が木陰を作り、その下にはテーブルと椅子が置いてあって、私たちは午後のひとときを涼風の中で過ごした。男性二人は何やら難しい議論に熱中しているようであったが、私は奥様とお庭の中をそぞろ歩きして、サクランボ、ハシバミ、スモモ、オリーブ、レモンなどの果樹を見て歩いたり、お家の中を隅々まで案内していただいたりした。納屋の中には今農家から届いたばかりというモモとアンズの実がたくさん籠に入っていて、奥様は、

「とりたてでおいしいのですよ、ホテルで召し上れ」

とビニールの袋に数個ずつ入れてくださった。

「私は田舎の人間です。パリよりも田舎のエックスが好きなのです」

と度々おっしゃるムーナン教授であるが、奥様も素朴な飾り気のないお人柄のようだった。パリでは木や花の名前をフランス人に聞いても、正しい名前を教えてくれる人はまずいなかったが、ムーナン教授は驚くほど植物について詳しい方で、次から次へと発する私の質問に即座に返事が返ってきた。

「オリーブの実には緑と黒がありますが、あれはどんな風に違うのですか?」

「緑の実は未熟なオリーブ、黒い実は熟したオリーブです」

　へえ、驚いた。私はてっきり緑色の実のなる木と、黒い実のなるオリーブの木があるのだ、とその時まで思いこんでいたのだった。

「ワインには赤と白とロゼがありますね。赤は赤ブドウから、白は白ブドウから作られる、というような大ざっぱな知識しかないのですが、実際はどうなのでしょうか」

「赤ワインとロゼは赤ブドウから作られますが、白は白ブドウと赤ブドウの両方から作ることができます。赤ブドウから作ったものはブラン・ド・ルージュ（赤の白）、白ブドウから作ったものはブラン・ド・ブラン（白の白）と呼ばれています」

そう言われてよく気をつけて見ると、確かに白ワインは透き通った無色透明のものと、うっすら琥珀色のものと二種類ある。

「ルージュ・ド・ブラン（白の赤）というのは存在しませんか？」

という夫のいささか非常識な質問に教授はいかにもおかしそうに笑って、

「白の赤というのは聞いたことがありませんね。でもイタリア人なら白ブドウから赤いワインを作ってみせるかもしれませんよ」

と言われたので一同大笑いになった。

三日目はマルセイユまで出かけ、港から三十分ほど船に乗ってデュマの「巌窟王モンテ・クリスト伯」の舞台になったイフ城へ足を延ばしてみた。港を出ると外海は南仏特有のミストラル（局地風）が吹き荒れ、小さな船はまるで木の葉のように翻弄され、乗客はみんな濡れねずみになった。命からがらといった感じで離れ島に上陸してみると、切り立った崖の上にイフ城がそそり立っている。城の中はいくつかの石牢に区切られていて、一つ一つの牢の扉には「一八△△年から△△年まで、○○伯爵」などと収容されていた政治犯の名前が書いてある。

部屋はかなり広いが、窓は明かり取りに三十センチ四方くらい開けてあるだけ、その窓から外をのぞくと紺碧の空が目にしみるようだ。夜になればきっと遠くにマルセイユの町の灯をかすかに望むことができるだろう。望郷の思いに胸をうずかせながら、この小さな窓から外の世界を見つめていたであろう囚人たちのことを想像し、しばしロマンの世界の夢に浸っていた。夕方にはムーナン夫妻がホテルまで迎えに来てくださって、サント・ヴィクトワール山まで五十キロほどのドライブに出かけた。エックス生まれの画家セザンヌは、サント・ヴィクトワール山、村の家々、教会、松林など、エックスの風景をたくさん作品に描き残している。松林の中を通り抜けながらムーナン教授は、

「ここは朝夕セザンヌが通った道です。ほら、あそこに平らな所があるでしょう、あそこで画架を立てて絵を描いたと言われています。サント・ヴィクトワール山をよく見てごらんなさい。山のこちら側は何も草木が生えないハゲ山ですが、向こう側に行くとガラリと表情が変わって緑が豊かに繁っています。これは湿度が極度に異なるせいなのです」

エックスには、ピカソもよく来ていたそうで、今でもピカソの城と呼ばれる古城があり、未亡人がたまに訪れるそうである。夕食はそのピカソの城のすぐ前にあるレストラン、ル・ムーラン（風車）でプロヴァンス風の食事をいただいた。窓辺にはレモンとアーモンドの木が風にそよいでいた。サント・ヴィクトワールの山陰からは折しも月が刻々とその姿を現し始め、

あまりにすばらしい舞台装置に私たちは歓声をあげて月の出を見守った。その夜のメニューは、

メロン、ポルト酒添え

仔羊のステーキ

ラタトゥイユ

チーズ

リンゴのタルト

ワイン、地酒のロゼ

南仏は燦々とふり注ぐ太陽の下で、みずみずしく甘味の強いおいしい果物を産出するが、前日にいただいたモモとアンズも、パリのそれとは比較にならないくらいおいしかったし、この夜のオードブルにとったメロンも香り、甘みともにすばらしかった。パリのレストランでは一般に半分に切ったメロンが出るが、ここエックスでは丸ごと一個、上のほうを薄く切って種をくり抜き、ポルト酒を注いでフタをしたものをお皿にのせてくるのである。

仔羊はやはり南仏の潮風に吹かれて育った六ヵ月以内のものが最高と言われているので、それを試してみることにした。一般に羊は独特の臭みがあるので、ソースに工夫をこらす。エストラゴン、赤ワイン、生クリーム、レモン汁、辛子などが入ったこの夜のソースはコクのある味が仔羊の肉とよく合い、おいしかった。ムーナン教授は、

「六ヵ月以内の仔羊でないと本当の仔羊とは呼べません。今日のは少し硬いようだが、もしかしたらヒゲの生えた仔羊さんかもしれないね」

と傍らの奥様を振り返って、いたずらっぽく目くばせをしながらおっしゃる。しかし私たちにはそんなふうには思えない、とても柔らかくておいしい仔羊だった。

帰りの道すがら、ムーナン教授は第二次大戦中、レジスタンス運動に加わって論文を雑誌などに発表したため、ブラック・リストに載せられたこと、身の危険を感じて本名のLe Boucher《ル・ブーシェ》から、父上のあだ名だった小猫という意味のMounin《ムーナン》に名前を変えたこと、対独戦線ではドイツ軍に捕らえられたが、そのまま捕虜になるくらいなら死んだほうがよいと思い、戦友と一緒に暗夜脱走したこと、などを話してくださった。ドイツ兵が銃を持って見張りに立っているすぐそばを、どんなふうに出し抜いて脱走されたかというくだりは、何という命知らずなことを、と聞いているほうの心臓が高鳴った。

ムーナン教授が師と仰ぐパリ大学のＭ教授の夫人は北欧の人だったが、Ｍ教授が戦争に行っている間に、独軍に協力的な行為があったという理由で、後に二人は別々の人生を歩むことになった。

「夫人のほうはそれほど悪いことをしたとは思っていなかったが、フランス人であるＭ教授にとっては許すことのできない行為だったからなのです」

フランスとドイツが歴史的に対立関係にあることは知識として知っていても、身近にそんな話を聞いたのは初めてで胸に迫るものがあり、フランス人の隠された対独感情というものに触れた思いであった。

もっと滞在したら、と勧めてくださるご夫妻に別れを告げてパリに帰ってくると、たまたまグラン・パレで「セザンヌ展」が開かれていた。サント・ヴィクトワール山、松林と赤い土、南仏風の家や教会などが、昨日見てきた姿そのままにキャンバスに描かれていて懐かしい再会をした。それらの絵の一枚一枚が、その場所を訪ねた時の情景、ムーナン教授ご夫妻の説明してくださった声や笑い声などに重なり合って、生き生きとよみがえってくるのであった。お二人と過ごしたこの四日間は、私たちにとって忘れられない思い出である。

パリの日本食

パリには一体どれくらいの日本人が住んでいるのだろうか。日本大使館領事部の話では、正規の手続きを踏んで滞在許可証をもらい、大使館に届け出をしている人たちが約一万人、いわゆるモグリの数は正確にはつかめないが、大体五万人ぐらいいるだろうということである（一九七九年現在）。夏休みのシーズンには旅行者がこの何倍かはいるので、どこに行っても日本人に出会わない所はない。これら飛躍的に増えた日本人の胃袋を満たすために、日本食品の需要はコンスタントにあり、「大阪食品」、「京子」といった日本食品専門店、三越、高島屋、大丸などのデパートが常時日本からの輸入品を取りそろえて販売している。

値段は一般に大変高く、日本国内価格の二倍以上する。例えば、ラーメン一袋三フラン（百五十円）、たくあん一袋十二フラン（六百円）、日本酒四合ビン四十フラン（二千円）、味噌一キロ二十フラン（千円）、醤油一リットル十二フラン（六百円）といった具合である。

中には例外もあり、お米は安くておいしい。カリフォルニア米の国宝ローズという銘柄が十キロ七六フラン（三千八百円）、これはもともと日本人がカリフォルニアへ行って作ったお米だから、おいしいのが当然かもしれないが、日本でおいしいといわれるコシヒカリ（四千九百円）、ササニシキ（四千七百円）に匹敵するくらいに味がよく、値段はうんと安い。フランスがアメリカから輸入してこの値段で売れる、ということは日本のお米がいかに高いか、ということであって、これでは国際間の競争において価格では到底勝てないということがわかる。

日本料理の店も、二十年前には「たから」一軒だったのが、今や五十軒以上あるという。日本料理に対するフランス人の印象といえば、数年前までは、

「オードブルばかりで終わってしまった」

などと酷評されたものだが、今度一年間暮らしてみて感じたことは、日本料理店が日本人客ばかりでなく、フランス人にも徐々に受け入れられつつある、ということだった。日本料理店へ行くと、以前と違ってフランス人客が半数あるいはもっと多くを占めているのに出会った。彼らがどんな料理を好むかというと、例えば刺身、天ぷら、焼き鳥、すき焼きなどであり、日本人とまったく同じものを慣れた手つきで食べている。

「お飲み物は何にいたしましょう」

「キリンビール」

フランスにもアルザス地方のおいしいビールがあるのに、わざわざシャンパン並みに高い日本の輸入ビールを頼んでいるフランス人の男性がいる。

「ほほう」

という感じで、まわりの日本人たちがニヤッとして振り返る。きっと日本に行ったことのある人で、日本のキリンビールの虜になったのであろう。フランスに暮らした日本人が日本へ帰ってフランス料理を食べ、高いフランスワインを注文する心境とまあ似たようなものらしい。

ワインの国フランスでは、日本料理店や中華料理店でもワインを置いている。日本料理にはやはりビールか熱燗のお酒が合うようだが、ワインをとる人もいる。特に一年に一度、十一月中旬にはボージョレ・ヌーヴォー（新酒）が出るが、この新酒の飲める期間はごく限られているので、特別に店から勧めることもある。

外国へ行ったことのある人なら経験することだが、どんなに食べ物のおいしい国にいても、やはり自分の国の食べ物が食べたくなる。パリに長く住んでいる人々が、日本に住んでいる人以上に手間をかけて、きめ細かな日本料理を作るべくどんなに涙ぐましい努力をしているかは知る人ぞ知る、である。パリには日本語新聞「パリ情報」があり、日本のニュースなどもいち早く伝えてくれて便利だったが、記事の中にはフランス料理、日本料理のアイデアも紹介されていて、先住の先輩たちがいかにフランスの材料で日本料理らしいものを作れるか、と苦心された跡が見え、なかなか興味深かった。

　そのうちのいくつかはわが家でも作ってみたが、大変評判の良かったのは「イワシの蒲焼き」である。新鮮なイワシの頭と骨を手で取り、下味をつけて片栗粉をまぶし、フライパンで焼く。味噌、醤油、みりん、生姜のタレにつけ温かいご飯にのせる、という簡単なものだが、意外においしいのである。パリにもウナギはあるけれど、もちろん蒲焼きにはなっていない。留学生のＳ君は器用な人で、市場に行ってウナギを買い、自分で蒲焼きをこしらえたそうである。

「一メートルくらいあるんですよ、ヌルヌルしてるのを捕まえるのがもう大変」

「どうやって捕まえたの？」

「まな板の上に置いて、キリでエイッと頭の所を刺すんです」

「キャー」

「包丁でスッスッと割いて、適当な大きさに切って、あとは蒲焼きと同じ要領です」

「そんなに大きなウナギの味はどうですか」

「まあまあ、いけますよ。一匹で六人前の蒲焼きができちゃいました」

　話を聞いただけで恐れをなし、パリのウナギは試食するまでに至らなかったが、代わりにイワシの蒲焼きはわが家の食卓にしばしば登場した。調子に乗って、日本からのお客様にも差し上げたが大変好評で、銀座の「いわしや」よりおいしいと褒めてくださった方があった。これはパリのイワシの鮮度が非常にいいためなのである。イワシに限らず、魚は実に新鮮で安い。鯛、平目、スズキ、などの白身、日本ではめったにお目にかかれないようなマグロのトロ、鯖、アジ、イワシなど、ほとんどの魚が刺身になる。鯛などの大物を刺身にする時は、魚屋さんに、

「三枚におろしてください」

と頼むと、目の前でおろしてくれる。まず背ビレ、胸ビレなどを鋏でチョキチョキと切り落とす。おもむろに身を背骨から外すのだが、不器用だから日本の魚屋さんのように、スパッと一刀のもとに、とはいかない。何度もギザギザと包丁を入れるので、せっかくの鯛の身がささくれ立ってしまう。そして三枚におろした後、あっと思う間もなく、まだ身がたくさんついた鯛のアラをバケツの中に放りこんでしまった。

「もったいない、あれで潮汁とかぶと煮ができたのに」

と地団駄踏んだが、すでに遅し。それ以来日本から持参した出刃包丁で、見よう見まねでやってみることにした。日本の魚屋さんほどうまくはできないが、フランスの魚屋さんよりはいくらかましな出来上がりであった。鯛などの骨の硬い魚は難しいが、鯖、アジなどの小型魚なら、何とかこなせるようになった。鯛はフランスではあまり高級魚の仲間には入らないらしく、日

本から行ったらウソみたいに安い値段である。一キロ十フラン（五百円）から二十フラン（千円）、目の下一尺もある大きな鯛が一尾千円くらいで買える。五人分のお刺身が十分とれる大きさである。身を薄くそぎ、フグ作りにして大皿に花のように盛ると実にきれいで食欲をそそる。鯖がまたよろしい。三枚におろして塩をふり、酢につけてしめ鯖をよく作ったが、悪いけれども日本の魚屋さんで売っているような酢漬風しめ鯖とは、比べものにならぬほどおいしいのである。脂の乗った鯖を一塩して冷蔵庫に一晩置くと、甘塩の一夜干しが出来上がる。魚の干物は各家庭で好みのものを作るが、鯖、ニシン、アジ、鮭などの他、ムシガレイを作るという人もいて、これにはかぶとを脱いだ。

刺身のつまも、もちろん自家製である。ラディ・ノワール（黒大根）という墨をぬったような真っ黒の大根の黒い皮をむくと、中は日本の大根のように真っ白である。桂むきにして水に放し、千切りにする。鯖にはおろし生姜、薄切りのニンニク、アサツキの代わりにシブレット（エゾネギ）と呼ばれる細いねぎを細かく切って薬味に使う。エゾネギだけでなく、シソによく似たバジル、三ツ葉にそっくりの野生のパセリなど、フランス料理に使う薬味用の香草類の中には、日本料理にもそのまま使えるものがあって、日仏両国民の味覚には思いがけない共通点があるように思われた。

イギリス、アメリカなどのアングロサクソン系の人々の食事は肉が主体で、

「肉のない食事は食事とは言えない」などと言い、魚介類をほとんど食べない。あるいは宗教上の理由で肉を食べられない金曜日だけ、仕方なく魚を食べるが、ラテン系のフランス、イタリア、スペインの人々は肉と同じくらい魚介類を好み、さまざまな料理法が発達している。

もう一つの共通点は、魚介類を生で食べる習慣を持っていることである。フランス人が刺身を喜んで食べるのは、生牡蠣や生の魚にレモンをしぼって食べつけているので、生ものに対する抵抗感がないせいだろう。日本人と同じように、イカ、タコ、エビ、イセエビ、カニなどを食べる。エビやカニは生きていてごそごそと這い回っているのを買ってきて料理するのだから、新鮮この上ない。トゥルトー（銀杏ガニ）というカニは日本では見たことのない種類で、殻が石のように硬い。出刃包丁と金鎚でツメの殻を割ったら、出刃のほうが欠けてしまったほどである。甲羅の中には、味噌がぎっしり詰まっていて、カニ好きならこたえられない味である。フランス人はフレンチ・ドレッシングで食べるが私たち日本人には、やはり日本風に二杯酢で食べるのが一番口に合う。大きさは毛ガニくらいで、味は越前ガニに似ている。一キロ大のが一杯八百円、日本なら航空便で来た毛ガニが一杯三千円はするところだ。

忘れられないのは家主夫人からお裾分け頂いた「貧乏人のアスパラガス」つまりワラビである。春先になると、パリ近郊のヴァンセンヌの森や、ブーローニュの森にワラビがたくさん生えるが、フランス人は誰も食べないので、ワラビの林のようになるそうである。フランスのワラビは茎が太くて上から下まで緑色なので、グリーン・アスパラガスに似ていないこともない。重曹を入れてゆで、生姜とけずり節のおひたしにしたら、柔らかくて本当においしかった。

おひたしといえば、フランスのホウレン草を思い出すが、日本のように一株ずつきれいにまとめて束にしてあるわけではなく、まるでうちわのように大きい縮れた葉っぱを茎のあたりでちぎって収穫する。それを山のように積み上げて売っている。まったく所変われば品変わる、とはよく言ったものだ。クレソンのほうがかえって日本のホウレン草に近い歯ごたえがある。クレソンは先の柔らかい所をサラダやステーキのつけ合わせに使うが、軸の所をさっと熱湯に通し、辛子醤油で和えると、菜の花の辛子和えに似た一品になる。

小豆を煮て羊かんを作る人もいるし、豆腐は「ハウスほんとうふ」の粉末大豆とにがりで作る。日本の家族や友人から日本食品の小包が届くと、お互いにお裾分けし合って日本の味を楽しむ。今では日本食品が手に入るようになったが、二十五年前にパリに留学した、という方のお話では、

「一ビンの醤油、一枚のコンブが貴重品でした。コンブは使っては干し、使っては干し、数回はダシをとったものです」

外国に行ったら、なるべくその土地の食べ物に慣れる、ということは大切なことだが、フラ

ンス料理のように脂肪と蛋白質の多い食品を常時とり続けていると、日本人の胃腸や肝臓は変調を来すことがある。たまにさっぱりした日本食をとると、胃腸がもたれず、軽いことに気づく。そういった健康上の理由はともかく、世界でも料理がおいしい、と言われる国の人々は、決して自分の国の食べ物を忘れないし、それをむしろ他国へ持ちこんで行く。中国料理しかり、イタリア料理、ギリシャ料理またしかり、である。パリにはそういった世界中のレストランが軒を並べて料理の腕を競っている。日本料理の店にも、より多くのフランス人が来てくれるようになり、中国料理店のように客の九〇%はフランス人、と言われるようになって初めて、フランスでの市民権を獲得したことになるだろう。

私のせいではない

夏休みに写した写真がもう出来上がっている頃だから、と写真屋さんへ受け取りに行った娘がプリプリしながら帰って来た。見ると手ぶらである。

「写真は？」

「ねえ聞いて、写真はないって言うのよ。ネガは？って聞いたら、ペラペラしたオレンジ色のフィルムの切れ端みたいなものを見せてそれだけだって」

「まだできてない、という意味？」

「マルヤマと書いた袋は来ているんだけど、中身がないの」

「おかしいわね、いったいどういうこと？」

「私だってそれを聞きたいよ、だからこんなものは受け取れませんって帰ってきたの」

「フランス語が通じなかったんじゃない？」

「そう思うなら、パパとママで行ってきたらいいでしょ。子供だと思ってバカにしてるのよ。あんな意地悪なオバさんは見たことない、私のせいじゃない《セ・パ・マ・フォート》、ですって」

「じゃ、パパが行って詳しい事情を聞いてこよう」

なんだか悪い予感がしたが、それでも何かの間違いだろうと淡い希望を抱いて夫と二人で出かけて行った。

売場にはなるほど、中年の見るからに意地悪そうなおばさんが頑張っている。夫が話しかけると、普通に応対しているようで、娘の言うほど感じは悪くない。例の袋を取り出して見せながら、いろいろと説明している。

「何ですって？」

「この通り、工場から返ってきたのは何も写っていないネガだけだし、その原因は多分こちらのカメラの故障じゃないか、と言っているよ」

「冗談でしょう！　コンパクト・カメラだけど、もう十年も使っているのよ、一度も故障なんかなかったわ」

「フィルムが動いていなかったとか？」

「ちゃんと動いていましたよ。巻き戻しだってできたんだから、確かだと思うわ」

しかし考えてみると、今まで一度も失敗したことがなくても、もしかしたらフィルムの入れ方が不完全だったかもしれない。でも一本ならず二本までもまったく写っていないというのはどういうことだろう。スイスへ旅行した時、税関のＸ線検査で感光してしまったのだろうか。でもＸ線で感光した時は、像の一部が不鮮明になることはあっても、こんなふうにきれいさっぱりと何もかも消えてしまうということはあり得ない。

首をかしげながら、ふと袋の上書きに目を止めると、現像の指定がモノクロになっているではないか。わが目を疑ってもう一度よく見たが、疑問の余地はなかった。カラーフィルムをモノクロの現像液につけた結果がこれだったのだ。ああ、万事休す。おばさんもさすがに驚いてうろたえたようだったが、すぐに態勢を立て直して言い訳を考えだした。

「ヴァカンスの間は臨時のアルバイトがやっているものですから、その子が間違ってモノクロのほうに印をつけてしまったんでしょう。まったくひどい話です。でも私のミスじゃありませんよ、お気の毒ですがどうしようもありません」

日本では考えられないような事故である。かりにＤＰ店でモノクロと指定しても、フィルムには大きくカラーと印刷してあるのだ。プロならすぐその間違いに気づくはずではないか。

いつも行きつけの個人の写真屋さんが夏休みでヴァカンスに行ってしまったので、初めて安売りのスーパーのＤＰコーナーに頼んだのだが、それがそもそもの不運の始まりである。九月まで待てばいつもの写真屋さんもヴァカンスから帰ってきたのに、早く写真を見たいばかりにスーパーなどへ持っていったのは大失敗だった。しかし今となってはもうすべて後の祭り、娘のブルターニュ・キャンプの写真も、ロワールの城巡り、ジュネーヴ祭り、ストラスブールの古い街並みなどの写真も、すべてモノクロ現像液の中に溶けて消えてしまったのだ。

まさか、まさか、あの大切な思い出の数々のスナップが無くなってしまったなんて、そんなことがあってよいものだろうか。あまりのことに私は呆然として口も利けなかった。

「このネガはお持ちになりますか？　でしたら現像代を頂くことになりますが、お要りにならない？　では現像代はお払いになる必要はありません。私もそのほうがよろしいと思います…」

おばさんの声を背中に聞きながら、私たちは外に出た。

この事件はパリで経験した数少ない不運な出来事の一つだったが、これは決して例外だというわけではなく、欧米人が自分に不利な問題にぶつかった時にとる、ごく一般的な態度である。

別章に娘も書いているように、ブルターニュの夏休みキャンプで似たような経験をした。出発の一週間ほど前に、スーツケースやリュックサック、自転車などの大荷物をパリのモンパルナス駅から、ブルターニュのヴァンヌ駅まで貨車で送り出したのだが、お友達のSさんのリュックサックだけが紛失してしまったのだ。

先生方はすぐにあちこちに手配して探してくださり、足りない品物を一緒に買いに行ったり

してくださったのだが、

「これは私たちの責任でもないし、あなた方の責任でもない」

と言われた時、娘たちの日本的感覚からいえば、大変ショックを受けたらしい。責任を追及されないうちに、有利な状況を作っておく、というのがフランス的な考え方なのであろうが、日本人なら自分が悪くなくてもとりあえず、まことに申し訳ありません、と頭を下げてしまう。日本人同士ならそれで雰囲気がやわらいで、うまく解決する場合もあるが、欧米ではむしろ自分に不利な結果を招いてしまうので、十分に注意しなくてはならないのである。

　アメリカで自動車免許を取った時、先輩の日本人からくれぐれも注意されたことがある。

「もし不幸にも事故を起こしても、決して、ソーリー、と言っちゃいけませんよ。そうしたら、全部お前が弁償しろ、と言われます。日本人は過去にもそれでずいぶん損をしているのです」

「でも、本当に自分が悪い時は、やっぱり謝ったほうがいいのでは?」

「いや、この国ではそういう日本的な考えは通用しません」

と言われ、ちょっとした異文化ショックを受けたものだった。自分が悪くても謝らないほうがよいのだから、自分が悪くないのに謝ったりすれば話が混乱してしまい、挙げ句の果ては無実の罪を背負いこんでしまうことになるだろう。

　それほど重大でない小さなミスの場合、どんなふうに対応するか微妙なところである。ある時、飛行機の中で、客室乗務員が飲み物を配っていたら、よろけて客の洋服にこぼしてしまった。日本の航空会社の客室乗務員なら、ここで当然、

「申し訳ありません。今お拭きいたします」

と優しく乾いたタオルなどで拭いてくれるところだが、彼女は気づかなかったのか、そのまま通り過ぎようとした。客のほうもさすがにムッとして、濡れた洋服を示しながら、

「ちょっと、君！」

と呼びとめたら、振り向いた客室乗務員は、

「ただの水《メ・セ・ドゥ・ロ》ですわ」

と澄まして言った。かけたほうが「すみません」と謝り、かけられたほうは「水だから大丈夫ですよ」と言うのが普通の会話なのに、これではまるで逆さまである。

　寒い冬のある日、散歩の帰り途、冷えた体を温めようとカフェに入った。中年のウェイターが熱いココアをテーブルに運び、ポットからカップに注いでくれた。高い所からカップ目がけてかっこよく注いだのはいいが、手元が狂ってこちらのほうに飛沫がかかってしまった。

「パルドン、マダム、すみません、ペラペラ…」

　何か一生懸命言っているようだが、こちらはココアがかかったブラウスをナプキンで拭いたりしていると、夫が、

「ものすごく申し訳ない、と何度も謝っていたよ、フランス人にしちゃ珍しいくらいだ。そういう時には、大したことはありませんくらい言ってあげなさい」

フランス人びいきの夫は、いつもフランス人に点が甘い。でも、相手がそんなに謝っているのに、こちらが知らん顔というのも、あまりにも素っ気ない話なので、後学のために聞いておく。

「大したことはありません、とか大丈夫、というのはフランス語で何て言えばいいの？」

「サ・フェ・リヤン、とかセ・パ・グラーヴでいいだろう」

今度そういうことがあったら、慌てず騒がずエレガントににっこりして、

「大したことはありません《サ・フェ・リヤン》わ、ムッシュー」

と言ってみよう。でもあの飛行機の客室乗務員みたいに、こちらのセリフを相手に先に言われてしまったらどうしよう。条件反射で、こちらのほうが「すみません」、なんて言ってしまうかもしれない。

「高倉健はアラン・ドロンよりいい男」

鈴懸けの大木の葉が黄ばんで石畳の上に積もり、無数の丸い鈴のような実を高い梢にかける頃、そしてマロニエのイガがはじけて栗のようなつややかな実が路上にこぼれ落ちる初秋のパリ、それは本当に美しく愁いにみちた季節である。まして異郷にあれば詩人ならずとも人は感傷的になるもので、少女の頃に読んだ、かのヴェルレーヌの「秋の歌」の一節を口ずさんでみたりする。

秋の日の
ヴィオロンの
ためいきの
身にしみて

ひたぶるに
うら悲し。

（上田敏訳）

詩人というのはどうして日常の平凡な風景を、こんなふうに美しい言葉で写すことができるのだろう。十九世紀に書かれたというこの詩は、百年後のパリにおいても生き生きとよみがえってくる。

私たちが日本を離れてからちょうど六ヵ月が過ぎたそんな九月のある日、フランス語の特訓に明け暮れていた娘のたっての願いで、私たちはパリ日本映画クラブの上映する日本映画を観に、会場のパリ第七大学へ出かけていった。メトロのジュシュー駅を降りるとすぐ目の前に近代的な高層ビルの林立するキャンパスが現れる。その中にある階段教室で、毎週金・土の午後日本映画が上映されるのである。一本の映画が五フラン（二百五十円）という格安料金なので毎週けっこう人を集めているようだ。その日の演目は『幸福の黄色いハンカチ』と『男はつらいよ　寅次郎と殿様』の二本立てで、日本でも評判になったこの二本の映画を観るために大勢のパリ在住日本人が詰めかけ、会場はほぼ満員の盛況であった。日本人ばかりでなく、フランス人もチラホラと混じっている。国際結婚らしい子供連れのカップル、あるいは日本人の留学生に連れられて来たらしいフランス人のガールフレンド、時にはプロの映画監督や演劇人などが観に来たりしている。

「日本映画の中でも日本的なこんな映画、フランス人に分かるのかしらね」

と囁き交わしながらふと前の席を見ると、中年のフランス人女性と二十歳くらいの娘さんらしい人の二人連れが目に入った。娘の垂穂はフランス語の練習には良いチャンスと、早速その二人に話しかけた。

「日本映画に興味をお持ちですか？」

するとフランス語ではなく、日本語の返事が返ってきたのである。

「ハイ、私たちは日本映画が大好きです。タカクラ・ケン、オカダ・エイジ、チバ・シンイチ、ヤマモト・ケイ、キシ・ケイコ、みんな好きです。でもタカクラ・ケンの大ファンです。アラン・ドロンよりずっといい男です」

それから映画が始まるまでの間、私たちはフランス語と日本語のチャンポンの会話を交わし、お母さんはジャクリーヌ、娘さんはシルビア、姓はコルドバというスペイン系の名前でお父さんがスペイン人だったこと、お父さんはシルビアが五歳の時に事故で亡くなり、母子家庭でジャクリーヌが働いて家計を支えていること、シルビアはパリ第三大学（東洋語学校）の学生で日本語を専攻していること、日本映画が大好きで高倉健主演の『ザ・ヤクザ』はもう二十回も観たこと、日本は憧れの国で一度は行ってみたいと日本地図、絵葉書、映画のプログラムやレコードなどの資料を集めて研究しているけれど、今は経済的・時間的余裕がなくて行かれそうにもないこと、などを話してくれた。

後に二人のパリジェンヌの招待で『ザ・ヤクザ』を観に行ったが、高倉健とロバート・ミッチャム共演のこの日米合作映画はフランス人の間でなかなか人気があるらしくて、くり返しパリのどこかの小さな映画館で上映されていた。日本のヤクザとアメリカのギャングが大立ちまわりの末、男の友情とヤクザの仁義の板挟みになった高倉健が小刀で小指を切り落とす。ロバート・ミッチャムもまたその友情に応えるために、一大決心をして自分の小指を切り落とすのであるが、日本人ならぬ西洋人のミッチャムは恐怖と苦痛に顔をゆがめ、脂汗を流しながら、気の毒に息も絶えだえにこの儀式を行うのである。フランス人たちは、この場面を息を詰めて見つめる。何度観ても飽きないという。

最初に出てくるナレーションがまたおもしろい。ヤクザについて、

「ヤクザとは八九三《ヤクザ》の数字をあて、合計すると二十になる。日本では二十という数字は完璧を表す、すなわちヤクザ道とは完璧な仁義の世界である」

というようなことを英語とフランス語で説明していたが、私たち日本人にとってもそういう解説は初耳でまことに興味深かった。

『ザ・ヤクザ』を初めて観た時、シルビアは十六歳、高倉健が小刀で自分の小指を切り落とす

シーンにはショックを受けたそうで、

「私はタカクラ・ケンの小指はもう無いと思って泣きました」

と言うので皆で大笑いをしてしまった。日本的な義理人情の世界にとても共感を覚えたと言い、会話の中でギリ（義理）を連発するジャクリーヌに、

「義理とはどういう意味か分かりますか？」

と夫が質問したところ、

「ギリは精神的、無形の債務、ギムは物質的、有形の債務ではないでしょうか。このような考え方はヨーロッパにはなく、日本固有のもので大変興味があります」

という答えが返ってきた。私たち日本人にとっては古めかしいヤクザという特殊な世界を美化して描いた話で、映画自体はさして良い出来とも思えなかったが、精神的な債務であるところのギリを果たすために命をかけるヤクザの世界の話が、外国人にとっては新鮮に映るのかもしれない。

シルビアが二十歳、垂穂が十六歳、お互いに一人っ子で年齢的に近いこともあって、その後私たちが帰国するまでの六ヵ月間、大変親しいおつき合いをするようになった。

日本映画クラブでの初めての出会いはとても話が弾み、一本目の映画『幸福の黄色いハンカチ』が終わると彼女たちは帰る仕度をして、

「よろしかったらカフェでコーヒーでも飲みませんか？」
と誘ってくれた。彼女たちは高倉健がお目当てだったし、私たちは二本目の寅さんをぜひ観て行きたかったので、残念ながらこの申し出を断り、近いうちの再会を約束して別れたのだった。
次の週末コルドバ家に電話をすると、ジャクリーヌの弾んだソプラノが伝わってきた。
「もしもし、コルドバさんのお宅ですか？　丸山です」
「コンニチハ！　オゲーンキデスカ？　ハイ、ワタシモゲンキデス」
ここまではいつも日本語である。
次の日曜日ジャクリーヌとシルビアの二人は花束を抱えて、わがポール・ロワイヤルのアパルトマンにやってきた。その夜の献立は
ニース風サラダ
オッソ・ブッコ（仔牛の煮込み）
チーズ
リンゴのタルト
ワイン（ボージョレ赤）
皆で楽しく食事をし、ワインの快い酔いに陶然となり、おしゃべりをし、歌を歌ったりして一夜を過ごした。ジャクリーヌとシルビアは『ザ・ヤクザ』の主題歌を歌い、「荒城の月」を

デュエットし、最後には「君が代」で締めくくり、もう日本人顔負けで最敬礼したくなったほどである。親日的な外国人には今までずいぶん会ったけれども、日本に一度も行ったことがないのに、こんなに情熱的な親日家には初めて出会った。

　その次はメトロのヴォージラール駅近くのコルドバ家に私たちが招かれて出かけて行った。約束の時刻に着くと、駅の構内にもうシルビアが待っていて、勉強家の彼女は待っている間も日本語の本を広げて一心に読んでいた。駅の出口を出ると、ジャクリーヌが息せき切って向こうのほうからやってきた。

「今日は奇跡的にお料理の準備が全部出来上がったのでうれしくって。お客様が到着なさる前に準備が完了するなんてめったにないことなんです。私はお料理が下手なので果たしておいしくできたかどうかとても心配です」

と言う。オヤオヤ大丈夫なのかな。フランス人というとお料理が上手な人が多いので、みんなそうかと思っていたが、中には例外もあるらしい。

「あなた方のアパルトマンがモデスト（質素）だと言っていらっしゃったけれど、私たちの家をどうぞ見てください。もっと狭いのですよ」

と案内してくれる。なるほど狭い。日本の公団住宅の２ＤＫくらいだろうか。スペースからいうとわが家の半分くらいしか無いようだし、お風呂は無くてシャワーだけというのも、日本人の感覚からいうと考えられないことである。
ジャクリーヌの用意してくれたその日の昼食のメニューは、
三種類の食前酒
ソーセージ、パテ、野菜盛り合わせ
パエリヤ
チーズ
ウ・ア・ラ・ネージュ（雪卵）
食後酒（シードル）
ジャクリーヌは心配していたが、パエリヤはなかなか良い出来で皆お代わりをして食べた。このスペイン風炊きこみご飯は、オリーブ油で米を炒め、頭つきのエビ、手長エビ、イカ、ムール貝、などの海の幸をたっぷりと入れ、サフランの香りをつけて炊き上げる一品。具に何を入れるかは作る人の自由で、お金持ちの家庭ではたくさんの具を入れるし、貧しい家では前日の残り物を入れて作るのだということであった。この日のメニューは彼女たちの質素な暮らしぶりから推して特別なご馳走をしてくれたに違いない。昼食だったが、午後一時頃から延々と四時すぎまで食べてもまだ終わらず、やっとデザートの雪卵まで行った時はホッとしたものだ。五時近くなって私たちは少々心配になってきた。というのは夕食を知人のO氏ご一家と共にする約束になっていたからである。お腹は一杯で、食べる話はしばらく願い下げにしたい心境だった。夜の約束があることをジャクリーヌとシルビアに話すと、果たして二人から批難の目で見つめられてしまった。彼女たちは、私たちが当然夜遅くまでいるものと思い、夕食の用意もしてあるというのである。進退きわまった私たちは、日本では初めて食事に招かれた家に長居をして二食もご馳走になるというのは、むしろ無作法であるとされており、私たちは四時頃には失礼するつもりだったので、もう一つ約束を作ってしまったことを説明して、何とか了解してもらった。以後、昼食と夕食のダブルヘッダーは絶対に避けること、特にどちらかがフランス料理の場合は、もう一食は非常に軽くするくらいがちょうどよい、ということが分かった。

　私たちが今まで日本で出会ったフランス人は、いわば限られた世界の人々で、外交官、実業家、ジャーナリスト、あるいは大学教授、留学生などの研究者といった人々であり、そのおつき合いは社交的、儀礼的なものに止まっていた。フランス人は礼儀正しくて愛想がよいが、個人主義者で冷たい、本当に親しい友人になることは難しい、といった世評の通りであった。ところがジャクリーヌとシルビアの二人のパリジェンヌをはじめ、今回知り合った何人かのフランス人たちは、ごく普通の人たちで、名もなく決してお金持ちでもなく、エリートでもない。しかしながら、その心の優しさ、正直さ、人情の厚さ、温かさなどはそれ以前に知り合った人々の間ではめったに垣間見ることはできないものであり、このようなフランス人気質の一端を知ることによって、私たちが今までフランスという国、国民に対して持っていた一面的なイメージを是正することができたと思う。

　彼女たちにとっても日本人の家族とつき合ったのは私たちが初めてだったので、その印象もまた強かったらしく、初めて出会った日から別離の日までに至る出来事をきちんと記録して思い出として残しておきたいということだった。私たちが帰国してから送られてきたその「思い出の記」は、秘書を仕事としているジャクリーヌらしい几帳面さでタイプしてあり、すべての出来事が日付順に詳しく書かれてあった。それは次のような書き出しで始まっていた。

「あの明るい九月の午後、大好きな高倉健さんの“Le《ル》 mouchoir《ムーショワール》 jaune《ジョーヌ》 du《デュ》 bonheur《ボヌール》”（幸福の黄色いハンカチ）を観に行った日から始まる丸山家の人々との友情の記録を“Le《ル》 journal《ジュールナル》 jaune《ジョーヌ》 du《デュ》 bonheur《ボヌール》”（幸福の黄色い日記）と名付けます。」

ミンクのコート

「どうしてこんなに毎日雨ばかり降るの？　寒くて凍えそう、もう日本へ帰りたい」

「それじゃ、毛皮のコートでも買ったら？」

「そうねえ、そうしようかしら」

　一九七八年三月のパリに着いてから約一ヵ月というもの、どういう異変かパリは毎日毎日雨続き、時にはみぞれ、ひょう混じりの氷のように冷たい雨が降った。出発前に、

「パリは雨がほとんど降らないから、傘も要らない」

と聞かされてきたのでそう信じて来てみたら、そんな情報は大ウソである。真冬でも燦々と太陽がさし、布団も干せるし洗濯物も乾く日本から来ると、三月のパリは震え上がる寒さであった。見知らぬ異国に来て、時差でぼんやりした頭と体を引きずって、地理不案内な町へ用足し

に出かける度に濡れねずみになる。泣きたいような気持ちであった。

街行く人々の服装を見ると、みんな毛皮を着こんで本当に暖かそうである。やっぱり寒さの厳しい北ヨーロッパでは、真冬に備えてみんながっちりと防寒衣料を整えているのだ。毛皮はやはり高価なものなので、パリジェンヌたちは何年もお金を貯めて、セールの時に買う。ヨーロッパでは、毛皮は本当に必需品なのである。高いとはいっても、日本で買う価格の半値という安さ。

「そうだ、フランスにいる間に毛皮を買おう。こんなに安いのだもの、買い得だわ。夫も娘も買いなさい、と勧めてくれるし」

日本にいる間はそれほど毛皮を欲しいとも思わなかったが、郷に入らば郷に従え、とばかり、フランスに来てすっかり気が変わり、次のシーズンには毛皮を買うことに決めた。フランス人が毛皮のコートを買う時には、少なくとも三軒くらいのお店を見て歩く、という。そこで私もフランス人にならって、いろいろなお店を下見することにした。春から秋まではピッタリと扉を閉じていた毛皮店が一斉に店開きをし、ショーウインドーに色とりどりの毛皮が飾られると、道行く人々の目も引きつけられて足が止まる。

大きなデパートでも毛皮を扱うが、個人の毛皮専門店がたくさんあって、やはり温暖な日本とは需要が桁違いに多いことが分かる。わが家の近くをちょっと散歩するだけで、五百メートルに一軒くらいの割合で毛皮店が目につく。フランス人は割合に服装で人を判断するから、こういう買い物をする時にはそれなりの身仕度が必要である。夫も私も、よそ行きの服とコートを着て、めかしこんで出かけた。とある店の扉を押して入って行くと、

「ボンジュール、シュー・ダム！（いらっしゃいませ）」

と愛想よく店のマダムが迎えてくれる。

「毛皮を見たいのですが」

「どうぞどうぞ、試着なさってください。ロングコートですか、ハーフコートですか？」

「ロングコートを見せてください」

「どんな色がお好きですか？」

「焦げ茶はどうでしょう」

「お客様は髪の色が黒ですから、明るい色のほうがお似合いですよ。このキツネなどすばらしいと思いますが」

「ちょっと派手すぎませんか？」

「ノン、そんなことはありません」

とマダムが出してくれた明るいキツネのコートを羽織ってみると、

「あら、顔の色が明るく見えるわね、意外に似合うわ」

「この狼も良い品でございますよ、この雪のような白に銀色の毛がうっすらとかかっているあたり、きれいでしょう？」

毛足の長いフランスの狼は、毛並も色も日本の狼とはまるで違う動物のようだ。

「狼もステキね、似合う？」

「とてもいいよ、それにしたら？」

まだ一軒目だというのに、マダムの勧め方があまりに上手なので、私たちは気に入った品の中から買ってもいいような気持ちになっていた。でもせめて、もう一軒くらいは見なくては、と思い直す。

「一日か二日考えてからにします」

「当然ですとも。毛皮を買うのはボンボンを買うのとは訳が違います。やはりよく考えて買わなければなりません。三日間考えて、決心がついたら、またどうぞいらしてください。でも三日ですよ、一ヵ月も考えていたら、クリスマスになってしまいますから」

ウインクをしてそんな冗談を言うマダムのフランス語は強い外国なまりがある。ハンガリー生まれだという。ファッションの中心地、花のパリで、女一人これだけの店を張って生きているとはすごいことである。どんな人生をこのマダムは生きてきたのだろうか。

またある店では、純白のミンクのコートを出して見せてくれたが、まるで羽のように軽くて暖かく、さすがに毛皮の女王と言われるだけのことはあって、豪華な気持ちにさせてくれる。

「まるで映画スターみたいね」

「最高の品でございます」

ふかふかした衿のあたりからは、香水のいい香りがして、私の前にも何人の見知らぬ女たちがこのコートを試着して、鏡の前でため息をついたことだろう。もっと安くて実用的な毛皮には、ヌートリア、羊、ウサギやキツネの端切をはぎ合わせたモルソーと呼ばれるパッチワークなどがあり、学生や若い人たちに人気がある。ウサギやモルソーになると、ウールのコートと値段はあまり変わらない。ジーンズの上に羽織ってカジュアルに着こなしているのは、なかなかしゃれている。

さて、私たちは何人かのフランス人、日本人の友人たちに意見を聞いてみた。フランス人は一般に倹約を美徳として、お金の無駄遣いをしないが、堅実派の代表のようなジャクリーヌはこんなことを教えてくれたのである。

「毛皮のコートを買おうと思うのだけれど、あなたなら、どんな毛皮になさる？」

「毛皮は冬にぜひ必要なものね。でもナオコ、毛皮と同じくらい暖かくて軽くて、しかも手入れがずっと楽なコートがあるのをご存じ？　毛皮とそっくりで、値段は毛皮の十分の一よ。イミテーション、フェイクとも呼ばれているんだけれど、ちょっと見ただけでは全然見分けがつかないわ。街を歩いている人はみんな本物の毛皮を着ていると思うでしょう？　パリジェンヌの半分以上はイミテーションを着ていると思って間違いないのよ」

「それ本当？　信じられない」

「私の買ったのを今度見せてあげるから、家へいらっしゃいな。それを見てから、本物にするか、イミテーションにするか決めてもまだ遅くはないでしょう」

本物の毛皮を買うつもりでいた私は、初めイミテーションと聞いてがっくりきた。戦中派の私たちは、イミテーションというと、人絹とかスフなどの粗悪品を連想してしまうのである。いくら安くても、パリくんだりまできてイミテーションを買うなんて、と思ったが、せっかくそう言ってくれるのをむげに断るわけにはいかず、見せてもらうことにした。

次の土曜日、ジャクリーヌの家に食事に招かれて、私たちはモンパルナスの近くのヴォージラールへ出かけて行った。デザートとコーヒーが終わると、

「それでは、お約束のマントをお見せしましょう」

ジャクリーヌと大学生の娘さんのシルビアが、それぞれ自分のコートを持ち出してきて見せてくれた。ジャクリーヌのはダークミンクのイミテーションで、ミンクらしい毛並と落ち着いた色調である。

「もう五年も着ているのよ、どこも何ともないでしょう」

「まるで本物みたいね」

シルビアのはちょうどセールで買ったばかりの新品で、若向きのヒョウ柄でベージュ地に茶色の斑点があり、今年の流行に合わせて丈も長目になっている。実物を見せてもらって、私たちはイミテーションに対する偏見を少し改めざるを得なくなった。

日本人の知人のＯ夫人は、

「イギリスで買ったイミテーションのコートをもう七年も愛用してますけれど、軽くて暖かくて、とても気に入ってますのよ。東京の一流ホテルなどのクロークでもみんなミンクだと思ってますわ」

Ｏ夫人は大変な衣装道楽で、本物の毛皮も持っていらっしゃる方だから、その夫人の言葉なら信頼してよさそうであった。

毛皮店のマダムとの約束の三日間はとっくに過ぎて、クリスマスが来る頃、私の衣装箪笥の中には、ミンクのロングとハーフの二着のコートが収まっていた。もちろん、イミテーションである。一日おきの朝市への買い物には大抵ハーフを着て行ったが、裏がキルティング張り、表が長い毛でできているので、寒さ知らずだった。本物のミンクの十分の一で二着買えたのだから、大満足である。考えてみると、私一人が高価な毛皮のコートを着て、夫や娘は普通のウールのコートを着ている、というのはいかにもアンバランスな話で、朝市に買い物籠をぶらさげて行くには、イミテーションで十分だった。

それからというもの、わが家ではアイ・ゲームというのがはやった。イミテーションと発音すると人に分かってしまうのでImitationの頭文字を取ってI《アイ》ということにしたのである。

「向こうから来る人のロングコート、あれはIかな？」

「たぶん、そうね」

「前を歩いている人のハーフコート、本物でしょう？」

「ちょっとつやが違うみたい」

「こうして見ると、ジャクリーヌが言う通り、Iが多いね」

「ママ、本当にIのコートで良かったの？」

「もちろんよ、ママってずいぶん経済的な奥さんでしょう？　でも本当はこういうチャンスに本物を買うべきだったかもしれないわね」

かくして、毛皮を買う予定だったお金は、イタリアとスペインへの旅の費用に化けたのであった。

パリのレストラン

ここに一冊の本がある。『ヨーロッパ一等旅行』（辻静雄著、鎌倉書房）で、「フランスに着いたら読んでごらんなさい」と親しい友人からプレゼントされたものである。題名のごとく、フランス、イタリア、スペインその他おもなヨーロッパ諸国のホテルとレストランを紹介した旅行記だが、並の案内書と違うところはそのすべてが一流あるいは超一流と呼ばれるホテルとレストランであることだ。おいしい料理やワインにかける情熱は大変なもので、その描写はまことに生き生きとして微に入り細にわたり、この著者がいかにヨーロッパの料理、文化に愛着を持っているかがよく分かる。読んでいるだけで涎が出そうになり、ぜひ行ってみたいと思う。本の中から少し例を引いてみよう。

何といっても圧巻はみごとな大きさ（小さな鶏卵ぐらいはあっただろうか）のトリュッフ（西洋松露）のパイ包み焼きだった。トリュッフ・スー・ラ・サンドルと呼ばれるこの料理は、オードヴルの中ではキャヴィア、フォワ・グラと並んで王様格で、普通フランスの一流のレストランで注文すると（一九七七年現在）四、五千円はとられる（一九七九年現在ラセールでは九千円、筆者注）。何がこんなに高いかというと、ひとえに、この〝料理のダイヤモンド〟とも呼ばれるトリュッフのせいなのだ。それにパイ皮も黄金色にあがっていなければならない。軽く焼き上がっていて、ナイフを入れるとかすかにパサパサとパイのくずれ落ちる音がするくらいシャリッと、そして、何層にもパイ生地がふくれあがって焼き上がっていなければならない。

三十分もしてでてきたキャナール・ア・ロランジュ（鴨のロースト・オレンジ風味）は、私の生涯で食べた最上の味だった。なにしろ、あんなにやわらかく、舌の上であっという間に溶けてしまうような、そして、脂ののった鴨は、あとにもさきにも食べたことがない。そして、ちょっと甘酸っぱい、ギャストリックといって、砂糖と酢をキャラメル状になるまで煮つめたものがベースになったソースの素晴しいこと。（中略）私は湯木さん（吉兆の御主人）のお父さんのお皿にちょっと、小ちゃな切り身をのせてあげた。何ですかというなり、口に入れて、目をむいた。これが鴨ですかというのだった。文字通り〝溶けた〟のだ。

長くなるのでこのくらいでやめておくが、その他にも生きているオマール海老に粗塩とコショウをふって炭火で焼いた鬼殻焼きの話、薪《まき》の炉の上で、柄の長さ一メートルというフライパンで巨大なオムレツを作るアネット婆さんの話、ブロン牡蠣のシャンパン蒸しの話など、おいしそうな話が次から次に出てくるのである。

ワインにしても、幻の銘酒ロマネ・コンティ、シャンパンならドン・ペリニヨンというように、一本何万円もする逸品ぞろいだからただ嘆息をつくだけである。ミシュランの例の赤表紙のガイドブックに載っている三つ星および二つ星のレストランはすべて実際に、何度も行って味を見て書かれてあり、三つ星のレストランの開店当時から、そして一つ星より二つ星へと順に昇格して行った歴史をつぶさに観察してきた、という人だから、数多いヨーロッパ食べ歩きの案内書の中でも信頼できる本格的な紹介書である。しかしながら、たった十一日間のヨーロッパ旅行で、よくもこんなに連日連夜ご馳走が食べられたものだ、と感嘆させられた。グルメになるための条件は、料理に対する繊細な味覚を持っていることに加えて、常にご馳走をおいしく食べられる丈夫な胃腸を持っていることである、と思い当たったのである。

一九七八年版ミシュラン・ガイドによると、パリ市内で三つ星を与えられたレストランは、ラセール、タイユヴァン、ヴィヴァロワ、グラン・ヴェフール、トゥール・ダルジャン、ラルケストラートの六軒だけである。マキシムは、前年度の三つ星から一挙に一つ星へ転落し、パリジャンたちの格好の話題となった。辻氏の著書にもそれと名指してはいないが、三つ星のレストランの中にも勧められない店がある、と書かれている。注意深い読者なら、六軒のうち褒められていない二軒は敬遠したほうがよい、とすぐ気がつくはずである。

ミシュランの星の数を決めるには、覆面審査員がいて、世界中の食通と言われる人が黙って店に行き、お金を払って料理を食べる。後で、味、料金、サービス、雰囲気など、ミシュランに報告するそうだが、おもしろいシステムである。日本の店で、雑誌や新聞に紹介されている記事を頼りに、おいしいと言われる店に行っても、評判通りでないことが時々ある。写真を撮影する、とあらかじめ予告しておき、社の費用で（もしかしたらタダで）料理を食べ、店の宣伝をするわけだから、その日は最高のものを出してくれるが、他の日は味が落ちるということもあり得るのである。ミシュランのように、まったく個人の客として店に行き、味を見れば、店の本当の姿を伝えられる。いつ審査員が来ているか分からないのだから、店のほうもいつも手抜きをすることができない。お客にとってはまことに好都合である。それにしてもどんな人が、何人くらい審査員に選ばれているのだろうか。もしかしたら辻氏もその一人ではなかろうか、などとわが家ではよく話題になったものである。

フランスに行ったら誰しも最高と言われるレストランで食事をしてみたいと思うに違いない。しかし、パリ在住の先輩方のお話を聞くと、何だか期待外れになるのではないか、という不安もあって行ってみる気になれないでいた。これら一流の三つ星レストランの、日本人客に対する態度があまりよくないというのである。それはなぜかというと、近来日本からの観光客が団体でこれらの三つ星レストランに押しかけ、全員が同じメニューを注文し、スープを一斉にズルズルとすすり、声高に話すからだという。店のほうでも閉口し、あるレストランでは日本人とみると別室に入れ、注文も聞かずに「テンノーヘイカのメニュー」を次から次へと持ってくる、という。天皇、皇后両陛下がご訪欧の折、さるレストランで召し上った鴨料理が日本で大変有名になり、みんなそれを食べたいと希望するので、ついに店のほうでも「テンノーヘイカのメニュー」を常時用意することにしたそうである。

　また、ある三つ星レストランでは、すでに食事中だった日本人客を別席に移し、後から来た常連の客をそこへ座らせた、という。この話を聞いた時には、パリ在住の日本人が怒ったのも無理はない。

「その日本人は断固席を移ることを拒絶すべきだったのだ」

「いや、即座に席を蹴って店を出るべきだった。もちろん料金などは払わないで」

「そしてミシュランにその件を報告する」

「いくら日本人だってそこまで馬鹿にされていいのか」

「でも団体客のマナーはひどすぎるからなあ」

「だいたい三つ星のレストランに団体で行くのが間違ってる。いいところ六人からせいぜい八人止まりだよ」

「添乗員は大抵英語は少しできるが、フランス語はダメというのが多い」

「一つのグループが全部同じものを注文するというのも、フランス人には理解できないことらしいね」

「添乗員に聞くと、それには理由があるんだ。たとえばカフェなどで休憩しても、コーヒーにするか、紅茶にするか、あるいはジュースにするか、などという簡単なことがなかなか決まらない。ああでもない、こうでもない、と二十分くらいかかる。食事になるともっと大変だ、一時間くらいかかっちゃう。それでは困るので画一的なメニューにするのだそうだ」

「フランス人は子供も決して連れて行かない。日本からきた十八、九のジーパン娘が三つ星のレストランへ連れて行ってくれ、なんていうのも腹立つよ。ぼくらだってめったに行かないのに」

「イエス、ノーがはっきりしない。若い人たちは割合好みがはっきりしてきたと思うが、それでも何にしますか、と聞くと、何でも、なんて言う」

最後には情けないことに日本人の自己批判になってしまった。座席を移したレストランの例は言語道断としても、日本人のほうも団体で行くのだけはやめてほしい、と思う。行くのなら、四人〜六人くらいの小グループを組んで、別々のテーブルに座ったほうがよい。予約やメニューの注文も人任せにしないで、ある程度の予備知識を持って自分で選んでみよう。できればフランス語に堪能な、フランス料理の分かる人（例えば辻さんのような）に連れて行ってもらうのが理想的だが、もしそれがだめなら、辞書を片手に自分で冒険してみるのも楽しい経験である。ついでにつけ加えると、日本語でメニューと呼んでいる献立表はフランス語でcarte（カルト）、定食がmenu（ムニュ）と呼ばれる。

三つ星のレストランで食事をするには、それなりの準備が必要である。きちんとした服装、予約の電話、少なくとも一人四百フラン（二万円）。一緒に行く人も大切である。親しい友人同士あるいは夫婦何組かの組み合わせというのが理想である。

大抵のレストランは前日あるいは当日でも予約ができるが、二つ星以上になるとそうはいかない。ある時、魚介類ではパリ一番と言われているラ・マレー（二つ星）の予約を取ろうとした時のこと。夫が二日前に電話をしたら何とも丁重な、今どきめったに聞けないような言葉遣いで断られた。

「まことに恐縮でございますが、手前どもの店にお越し頂く時には、少なくとも五日前にご予約のお電話をくださいませ」

改めて一週間後の予約を取ることにしたのである。

私たちの住んだ十三区のポール・ロワイヤルの近くにクローズリー・デ・リラというレストランがあった。パリに着いて間もなくの頃は、オフシーズンで空いていたし、ウェイターのサービスもよく料理もおいしかった。ミシュランの星はなかったが、フォーク印が三つついており、「非常に居心地の良いレストラン」の評価を得ている。価格も決して安いほうではない。いつもその季節らしい料理をメニューに載せていてバラエティに富み、一つ星くらいあってもいいのではないか、と思われた。

私たちは家族の誕生祝いとか、来客をおもてなしする時など、何度かこのクローズリー・デ・リラに通ったが、だんだん客扱いが悪くなってきたように思われた。他の人々に聞くとやはり同じ印象を受けたという。のちに分かったことだが、この店は古くから、バルザックやルノワールなどの文人、画家たち、パリ亡命中のレーニンなどが集まった所として、日本でもあちこちで紹介され、かなりの人々に知られているらしい。日本人の団体客にはまだ出会わなかったが、日本人客が、かくいう私たちも含めて増えてきていることは確かであった。この次に行ってみたら、日本人は別室へどうぞ、などと言われはしないか、と心配である。

お世辞と笑顔とチップ

「フランスでは、男がどんなに雄弁にしゃべるよりも、女の人がにっこりするほうが効き目があるんですよ」

と経験談を披露してくださったのは、パリ日本館長を務められたK氏である。着任後間もなく、さる役所から、

「貴殿の滞在許可証ができているので、取りに来られたし」

という通知が来たのでご夫妻で出向かれたが、どの窓口で受け取るのかさっぱり要領を得ない。あっちへ行け、いやこっちだ、と二時間もたらい回しされて怒り心頭に発しそうになった頃、傍らの夫人が、

「まあまあ、あなた怒らないで」

と背の君をなだめつつ担当官に微笑みかけたところ、手のひらを返したように親切になり、万事うまく行ったというのである。

相手が男性の場合は女性の〝にっこり〟が大いに効果を発揮するが、相手が女性の場合はどうしたらいいか。こんどは男性の出番であって、ほんのひと言お世辞を言ってあげればよい。見るからに意地の悪そうな中年の売り子さんが、とたんに愛想がよくなり、笑顔で相手をしてくれること請け合いである。

わが家の近くにコイン・ランドリーがあって、三十歳くらいの若くて美人のマダムがいた。この人が意地悪なフランス女の典型というようなタイプで、娘や私が行くと、ろくに口も利いてくれない。

洗濯物をたたむテーブルがあるのだが、アメリカのそれと比べて申し訳程度、五十センチ四方くらいの小さなテーブルである。その上にデンと腰を下ろして、長電話をしている。

テーブルを使いたいので、勇を鼓して、

「パルドン、マダム…」

と声をかけたら、

「あーら、失礼、ごめんなさいね、気がつかなくて」

と、愛想の良いのは口先ばかり、大きなお尻をほんの五センチほどずらしてくれただけである。

自宅から洗剤を持って行って使おうとしたら、キッとした目でにらみ、

「持ち込みの洗剤はお断り、当店専用のを使ってください。質の悪い洗剤を使われると機械が壊れますから」

と言う。

「フランス人のケチ！　アメリカではみんな自分の洗剤を持って行って洗濯してたのに。こちらの洗剤と店のと、いったいどこが違うと言うの。まったく同じじゃない。もうけ主義もはなはだしいわ」

と日本語でウップンを晴らし、自動販売機から一袋一・五フラン（七十五円）の小袋入り洗剤を買う。一台に一袋ずつと指定されているので、白い物と色物に分けて二台使う時は二袋要る。高くてまったく不経済である。洗濯機は一台八フラン（四百円）、ドライも含めると一回行くごとに合計千二百円くらいかかる。長い滞在なら洗濯機を買ったほうがずっと得である。そう思って洗濯機を買ったが、三ヵ月目には壊れてしまった。修理には一ヵ月くらいかかる、と言われ、帰国まであと二ヵ月ほどしかないのに修理店へ洗濯機を持って行き、また取りに行くことを考えただけでもうウンザリ、またまたコイン・ランドリーに逆戻りすることになった。


　つくづく思うに、日本の電気製品は安くて丈夫で質が良い。テレビやラジオ、テープレコーダーなどはすでにヨーロッパに輸出されて高く評価されているが、洗濯機も輸出したらどうだ

ろう。特に日本人の発明した二槽式洗濯機は他に類を見ない傑作で、省エネルギー時代にピッタリの製品だから、フランス人に受け入れられるに違いない。

　パリの洗濯屋では、私たちは一度もいい思いをしたことがないのに、夫がたまに一緒に行くと、ずいぶん様子が違う。

「あのマダム、すごく感じが悪いでしょ」

「いや、そんなことはないよ、ぼくにはいつも感じがいい」

「へええ、信じられないわ、私たちが行くと、ボンジュールって言っても返事しないこともあるのよ、何かお世辞でも言ってあげたんでしょ、美人ですね、とか何とか」

「まあ、そんなところだ。あの人は冗談が好きなんだよ。それも怒ったような顔をしてそっぽを向いて言うから、聞き逃さぬようにしていてこちらも気の利いた返事を、打てば響くように返してあげなくちゃいけない。フランス人というのは、大統領から物乞いに至るまで、エスプリのある会話をとても大切にするからね。こちらもそれにつき合って、相槌を打ってあげると、とても機嫌がいい」

　それが問題なのだ。とてもおもしろいことを言っているらしいのに、こちらのフランス語では口惜しいけれど聞き取れない。聞き取れた場合でも、同じくらいユーモアある当意即妙の答えをする、なんてどだい無理な話である。相手のほうも冗談が通じないのでシラけてしまう。

フランス人というのは、外国人だからフランス語が分からないだろう、とかゆっくりしゃべってあげよう、などということは少しも考えないらしい。そしてフランス語ができないと見るとあとはまるで相手にもしてくれない。これは、日本人だから差別しているのかというと、そうではなくて、外国人はほぼそういう目に遭っているのである。

　パリ・リヨン駅にT《テ》・E《ウ》・E《ウ》（ヨーロッパ横断特急）の切符を買いに、夫が出かけた時のこと、前のアメリカ人がフランス語で、一生懸命係に何か言っているのだが、どうも通じないらしい。そうこうするうち、窓口の係が、

「T《テ》・T《テ》・E《ウ》だって？　ケスクセ？　何の話かさっぱり分からないね」

　T《テ》・E《ウ》・E《ウ》と言うべきところを、T《テ》・T《テ》・E《ウ》とアメリカ人が間違えて言ったらしい。すでにアメリカなまりの下手なフランス語にイライラしていたところへ、〝テ・テ・ウ〟で頭に来てしまったようだ。意地が悪いのか、カンが鈍いのかとにかく分かってくれない。見かねた夫が、

「こちらのムッシューは、T・E・Eの〇月〇日〇時〇分発、ミラノまで二枚買いたいとおっしゃっていますが」

と助け舟を出したところ、

「そういうふうに言ってくださるとよく分かります、ありがとう、アメリカ人のフランス語には閉口しますよ」

「おかげで助かりました」
と双方から感謝されたそうである。

＊

四十代くらいから上の日本人の男性で、休日に奥さんや家族と買い物をする人は、おそらくごく少ないのではないだろうか。昭和一桁生まれの夫も、東京では近所のスーパーマーケットなど足を踏み入れたことさえなかった。スーパーはおろかデパート、銀行、税務署さえ行ったことのない人が、パリではなんとマメに買い物につき合ってくれたことだろう。やはり外国生活で、東京のようにご近所の目を意識しなくともよい、という解放感があったらしいが、私たちのためにフランス語の通訳をする、という口実のもとに見知らぬ美しいパリジェンヌに話しかけることができるのも楽しみだったようだ。

　わが家の近くには、前にも書いたように朝市が立ち、有名なムフタール市場も近くにあり、スーパーもいくつかあって買い物にはとても便利な所だった。ある時、一軒のスーパーマーケットに買い物に行くと、レジの所に若くて美しい人が座っていた。

「あの人きれいだね、マダムかな?」

「そう、まだ初々しいわね、二十一、二くらい」

女性に対する優しさなら人後に落ちない夫が、早速傍らにいた先輩の女性店員に、

「あのマダムはなんて美しい人でしょう」

と言うと彼女は、

「ムッシューがあなたのこと美しいと褒めてくださっているわよ」

若いレジのパリジェンヌの顔がパッと輝いて、

「メルシー、ムッシュー」

と微笑んだ。二度目からはもう顔を覚えていて、行く度に彼女のほうから、

「ボンジュール、ムッシュー」

と挨拶する。夫が鼻高々、得意満面だったのは言うまでもない。女房子供連れだったのがさぞかし残念だったことだろう。


ある夏、バスでロワール渓谷の城巡りをした折、田舎のレストランで昼食をとることになった。一度に何十人の客が着いたので、サービスをする女性も気が立っているらしく、あまりご機嫌がよろしくない。フランス語もあまり通じない東洋人の一団ということもあったかもしれない。私たちのテーブルの係はみごとなブロンドの髪の女性だった。俗にシャンパン・ブロンドと呼ばれる淡い金色である。

「彼女の髪、とってもきれいね、にっこりすればずっと感じがいいのに」

「まったくそうだね」

やがて次の料理を彼女が運んできた時に、夫が、

「マドモワゼル、あなたのブロンドの髪は金色の絹糸のように美しい。このテーブルのみんながそう言ってますよ」

と話しかけると、こぼれるような笑顔になって、

「まあ、ありがとう。私の本当の髪は栗色なの。でもブロンドが好きなので、染めているのです。あら、このテーブルのお料理足りませんね。お代わりを持ってきましょう」

彼女は次から次へとお代わりを持ってきてくれて、もう食べ切れないほどであった。おかげで私たちの食事は大変楽しいものになり、彼女の頬にも笑みがかえってきて、先ほどまでの仏頂面とは別人のように生き生きとして見えたのであった。

女性にはお世辞を、男性には笑顔を、というのが私たちの合言葉になり、大抵の場合にはこれでうまく行った。フランスの男性は女性に親切だから、こちらが女の場合はほとんど問題がない。地下鉄の切符売場の男性も女性にはメルシーというが、男性客には知らん顔で、客のほうが逆にメルシー、などと言うほどである。では男対男の同性同士、ちょっと話がこじれた時はどうしたらよいだろうか。チップが大変効果的のようである。

フランス滞在者が帰国する時には、たくさんの荷物を船便で出さなければならないが、これが大変面倒な仕事である。何トンもある時は、日通のコンテナなどを利用するが、少ない場合

には一個十キロまでの小口ダンボール詰めにして、S・N・C・F（国鉄）事務所まで運びこむ。わが家の荷物は少ないほうだったが、それでも二十個くらいになった。

　何十枚の書類を書き終え、計量する段になって、係の男性が、

「このダンボール箱はダメだ。商品名が印刷してあるのは宣伝になるからいけない、外側を無地の包装紙で包装して持ってきてくれ」

と言う。

「家が遠いし、タクシーでわざわざ運んできたんだ。もう一度やり直すのは手間も経費もかかる。字や絵の部分をマジックで消すからなんとか通してもらえないか」

と夫がかけ合っている。何度かの押し問答の後、

「よろしい、今度だけは大目に見よう」

ということになり、やれやれと安心した。

　話の合間に夫がさり気なく、十フラン（五百円）ほどのチップを握らせたら、たちまちニコニコ顔になり、万事うまくいったのである。こういった場合に限らず、フランスはチップの国であるから、男女を問わず喜んで受け取るし、大抵の場合は物事がスムーズに運ぶようである。

　しかし中には例外もある。ある時、いかにも頑固一徹という感じの個人タクシーのドライバーにチップを渡そうとしたところ、

「ケスクセ？（これは何です？）」

と怖い顔をされたことがある。事の次第はこうである。日本へ帰国する友人二人をドゴール空港まで見送りに行くため、無線タクシーを呼んだのだが、その日に限って空車がまったくない。仕方なく流しのタクシーを拾いにポール・ロワイヤル大通りまで出た。十五分くらい待っても一台も来ない。飛行機の時間は気になるし、焦り始めた頃、やっと一台の空車を捕まえた。しかしこちらが四人だと分かると、法律で三人までと決められているからダメだ、と言う。

「絶対にお断り」

をくり返す。

「じゃ、見送りは一人にしましょう」

「いや、ちょっと待って、今なんとかするから」

夫はしばらく押し問答をしていたが、さしもの頑固親父さんも、

「仕方ない、乗りなさい、負けたよ」

というようなゼスチャーをしている。気が変わらないうちに、それっとばかり四人が乗りこむ。

そこで夫がチップを渡そうとしたら、

「ケスクセ？」

ときたのである。夫も慌てたらしいが、とっさに、

「それはわれわれの感謝の気持ちであるから、取っておいてほしい」

と言ったら、相変わらず難しい顔をしていたが、

「そうか、メルシー、ムッシュー」

とポケットにしまってくれたので私たちは一同ホッとしたのであった。車中の人となったところで、

「ああ、これで間に合うわね。それにしても、絶対ダメだと言っていたのに、よくウンと言ったわね、さっき何と言って交渉したの？」

「実はこう言ったのさ、このご婦人方三人だけで空港へ行ってもいいんだが、三人ともフランス語は一言もしゃべれない、運転手さんもそれでは困るんじゃないか、と」

「ひどーい、私たちだって〝ドゴール空港へ〟ぐらい言えるのに」

「まあ、まあ、ウソも方便、そうしたら仕方がない、ムッシューも一緒に乗ってくれって」

　女性軍はいっせいに抗議したけれどもすでに遅し。ともあれ、友人たちは無事に時間通り到着することができて、メデタシ、メデタシであった。

失われてゆく本物の味

ビニールハウス栽培が発達してから、果物や野菜に香りがなくなった、まずくなったと言われるようになってもう久しい。農薬で虫害から守られ、温室の中で育てられたキュウリやトマト、ナスなどの野菜はきちんと形もそろい、虫の喰ったあとなどない。リンゴやナシ、ブドウ、モモなどの果物は袋をかけて太陽光線を遮り、収穫直前に陽にあてて色をつけるためか、見た目にはきれいだが、何となく水っぽく、甘味や香りが足りないと思うことが多い。

鶏や卵にしても同じことが言える。農家の庭先を走り回って虫や草を食べて育った昔の鶏は、水炊きや親子丼などにすると肉そのものに味があっておいしかったように思うが、檻の中で飼育されたブロイラーの鶏はなんだか昔ほどおいしくない。これは私の偏見だろうか。卵の殻はとてもきゃしゃになって、ほんのちょっとした衝撃ですぐ割れてしまうし、黄味の部分はあまり張りがなくて色も薄く、コクがないように思われる。

子供の頃、わが家では何羽かの鶏を飼っていて、毎朝青菜を刻み、トウモロコシやカルシウム分の貝殻の粉などを混ぜて食べさせたものだった。鶏小屋のそばで、めんどりが目を白黒させながら一生懸命卵を産むのを眺めるのはおもしろかった。生みたての卵はまだ温かくて心持ち柔らかいが、すぐにかたく引き締まる。食卓でお皿の縁にコンコンとあてて割ろうとしても、すぐには割れないくらいかたかった。ところが今の卵はどうだろう。ほんの少しの衝撃で割れてしまう。

昔の食べ物はおいしかったとか、昔の生活は良かったなどと古き良き時代を懐かしむようになっては、もう歳を取ったという証拠のようなもので、われながら残念に思う。昔に戻るなどということは、時代錯誤の夢でしかないのだ。一億一千万人がこの狭い国土で生き延びるためには、農薬や化学肥料を使って最大限に効率の良い収穫を上げなければならないこともよく承知している。農薬や化学肥料を使わない農産物、放し飼いにした鶏や卵を手に入れる方法もないわけではないが、そのような贅沢は限られた人々のものであろう。食品の公害、環境の汚染は今や世界的な問題であるし、私自身も無関心なほうではないつもりである。中性洗剤をやめて天然油脂洗剤に変えるとか、合成保存料、着色料の入った食品を避けるとか、生活の中でささやかな自衛手段をとっているが、もうそのような一時しのぎで防ぎ切れるものではない、と心の中では半ば諦めていた。

　さて、フランスへ行って暮らし始めると、食べること、飲むことに人生の最大の楽しみを見出す国民だけあって、果物、野菜にしても、肉にしても少し様子が違うことに気がついた。日本の八百屋さんの、形や大きさも粒のそろった果物や野菜を見慣れた目には、フランスのそれらはすべてがあまりにも手をかけず、自然のまま無造作に置かれているのにまずびっくりした。しかし実際に食べてみると見た目よりもずっと味は良いのである。トマトにはトマトの野性的な香りがあるし、果物には袋をかけないから、ナシでもリンゴでも直射日光を浴びて赤茶けた色をしているが、果物に自然の香りと甘さがある。

　市場に行くと、八百屋さん一つとっても高級品を売る店、普通の品を売る店とはっきり分かれていて、それぞれにちゃんと客がついて繁盛している。日本ならとても売り物にならないような、しわくちゃの大きいのや小さいのが混じったリンゴが、一キロ一フラン（約五十円）などという安値で売られている。もちろん、形も色も粒もそろった高級品もあるから、ふところ具合と相談の上、何度かためつすがめつ見比べてから、どれを買うか決める。

　フランス人の大好きなデザートにタルトがあるが、中でもリンゴのタルトは手軽にできておいしいものである。このタルトに刻んで入れるリンゴは、デリシャスなどの高級品より、安いしわしわのリンゴのほうが向いているということを、のちにフランス人の友人から教わった。

もう一つ、タルト・タタンという、リンゴと砂糖とバターを煮てオーブンで焼いたお菓子がある。バターと砂糖が溶け合ってカラメル状にカリッと焼けたのが最高である。時々レストランのメニューにも載っているが、これこそタルト・タタンというような焼き具合の逸品にはなかなかお目にかかれない。本当においしいタルトというのは、やはり自家製に限るようである。

パリに到着した日、初めての食事をホテルの近くのレストランでとった。特に有名でも何でもない普通の店で、ニース風サラダ、仔牛のソテー、カシスのシャーベットなどをとったが、その時食べた仔牛のソテーのおいしさを忘れられない。何と言ったらいいだろうか、肉に味があるのである。日本では仔牛の肉というと水っぽくてあまりおいしいものではない、というのが通り相場で、あまり売れないのか普通の肉屋さんにはほとんど置いていない。

パリでは仔牛の肉がいつでも手に入るので料理法を知りたいと思い、アシェット社の『やさしいフランス料理二百選』という本を買ってきた。日本にいたら、フランス語で書かれた料理の本を読むなど思いもよらぬことだったが、背に腹は代えられず、辞書と首っ引きでカードを作った。最初はチンプンカンプンだった説明書を四苦八苦しながら追って行くと、料理法の書き方には大体のパターンがあることに気がつく。幸いに料理用語は、洗う、皮をむく、切る、蒸す、とろ火で煮る、焼く、など洋の東西を問わず定型句が並んでいる。一定の手順があるから、一度覚えてしまえばそんなに難しくはない。

そのうちのいくつかを紹介すると、仔牛骨つきのもも肉をトマトと白ワインで煮込むオッソ・ブッコ、バラ肉の塊を角切りにして白ワインと生クリームで仕上げるブランケット、柔らかいヒレ肉のところをさっと焼いてシャンパン・ソースを添えるメダイヨン、ウインナ・シュニッツェルの名で有名な仔牛のカツレツ、仔牛肉の薄切りをたたいて伸ばし、中に味つけ挽肉を包み脂身でくるんで、小包のようにひもをかけ、赤ワインのソースで煮たポーピエットなどのレパートリーがある。

日本に住んでいるフランス人がよく、

「日本の肉は柔らかすぎる。フランスの硬いビフテク・ポム・フリットが食べたい。かめばかむほど味が出てくるのです」

と言うのを聞いたが、その時は、

「肉が柔らかくてなぜいけないんだろう。神戸牛は世界一と言われているではないか」

などと密かに思ったものだった。フランス人の懐かしがるこのビフテク・ポム・フリットなるものは、日本で言うようなステーキだと思ってはいけない。カルチエ・ラタンの学生街で安い定食の主菜としてよくメニューに載っている。山のように皿にのった熱々のフライド・ポテトの横に、というか隅っこに焼いた肉の一片が添えられている。日本から来た旅行者が、

「フランスでビフテキを注文したら、硬くて食べられなかった」

という例をよく聞くが、大抵はこのビフテキならぬビフテクに飛びついて失望するらしい。別に食べられないほど硬いというわけではないが、フランス人のように小さい時からこの硬いビフテクをよくかみしめて食べることに慣れている人はともかく、柔らかい肉を食べつけている日本人には「ビフテク」の味を賞味することは難しいかもしれない。

　ビフテキを「厚切りにして焼いた牛肉」の総称とすれば、一番上等のヒレから始まり、サーロイン、アントルコット、トゥールヌドなどと段階があって、最後にビフテクとなる。フランスのビフテクは庶民の味、家庭の味なのである。フランスのレストランで柔らかいビフテキを食べたいと思ったら、ヒレかサーロインあたりが無難かもしれない。ただし値段にはかなりの開きがあって、ビフテクなら五百円くらいから、ヒレなら二千五百円くらいから、となる。どうしてもビフテキを食べたいという人はともかく、フランス料理の神髄は煮込みにある、と言われるくらいだから、ビフテクにもならない安くて硬い肉を、何時間もかけて煮込んだブフ・ブルギニヨン（ブルゴーニュ風牛肉赤ワイン煮）や、大きな肉の塊を野菜と一緒にスープで煮たポトフなどを食べていただきたいと思う。

　さて、秋になると野鳥類がたくさん店に並び始める。鴨、ウズラ、ホロホロ鳥、岩シャコ、山鳩、キジ、七面鳥など、色とりどりである。一般に鳥類は頭と足がまだついたまま店頭に並んでいて、客が、

「これをください」
と注文すると、用途に応じてローストならヒモでしばってくれるし、煮込み用なら大きな包丁で手際よくさばいてくれる。目の前で鳥の頭と脚をバッサリと切り落とすのを目を背けずに見ていられるようになるまでには少々年季がいる。それがいやなら、すでに切り分けてあるもも肉や、手羽肉を買えばよいのだが、丸ごとの鶏にはおいしい内臓類がついているし、何よりも鮮度が違う。

一番数も多く安価なのはやはり鶏で、ひな鶏なら大きさによって一羽五百円から千円くらいで買える。わが家ではよくそのままオーブンで丸焼きにした。砂肝やレバーなども切って中に入れ、塩、コショウ、タイムをふって、バターをのせて焼く。時々焼き汁を上からかけながら焼くと、こんがりとキツネ色に焼き上がる。肉汁をさっと煮立ててグレービーソースを作り、焼きたてのひな鶏に添えて食べる。コック・オ・ヴァン（鶏の赤ワイン煮）もおいしいが、肉そのものを味わうのなら、この一番シンプルな方法が最上である。

「おいしいね」

「どうしてこんなにうまいんだろう」

などと言いながら、親子三人で一羽のひな鶏をきれいに平らげてしまう。そうだ、昔の日本の鶏はこういう味だった。確かにそうだったと記憶がよみがえる。鶏を買う時に、気をつけて見

ていると、ラベルに、
「この鶏は野外で放し飼いにしたものです」
などと書いてあるのに出合った。やっぱりそうなのか。フランスでは今でもそんな飼い方をしているらしいのである。もちろん全部ではないが、それにしてもそのような飼育をして需要と供給のつり合いがとれ、採算がとれるのだから羨ましい国である。

　フランスは仮に外国からの輸入がストップしても、食料だけはすべて自給自足できるというのだから、やはり「農業国フランス」であることを改めて認識したのであった。面積は日本の一・五倍、人口は日本の半分。そして日本の国土の八〇％以上が山林、フランスの国土の大部分は豊かな平地であることを考え合わせると、彼我の差は歴然としている。

　フランスから帰国した一九七九年の七月三十日付朝日新聞に「きらわれる歯ごたえ」と題して次のような記事が出ていた。

> 　今回の調査で食パンは水分が三五％から三八％に増えた。スーパーで見かける一斤ずつ包装されたパンでは四〇％を超すものさえある。だから近ごろの食パンは、「おかゆパン」とか悪口も聞かれる。「パンはよく焼いたのが風味も、香りもあってうまい」と専門家の意見は一致している。つまり、水分が少なめの方が好まれるはずなのに、多数派の消

費者は必ずしもそうではない。味よりも柔らかさに引かれる人が多いのだ。（中略）「ハムやソーセージ、焼きブタのような肉類でも、歯で一生懸命かまなければ食べられないもの、脂が多いものは売れないんです」と大手メーカーはいう。本当は適当に脂があった方がおいしいのだが、消費者の需要に応じるため「汁が多くて柔らかく」が業界の合言葉になっているほど。焼きブタなどは、前回は水分三七％だったのが、今回は六〇％以上に増え、同じ名前で呼ぶのがはばかられるほどの変わりようなのである。

この記事を読んで、なるほど、そうだったのか、と納得がいった。歯ごたえのあるものは日本では嫌われているのだ。「柔らかく」そしてもう一つつけ加えるなら「甘く」が戦後の日本の食べ物の味つけの主流になってしまったようである。

日本のパンはヨーロッパよりもアメリカの影響を強く受けて、ミルクや砂糖を入れた甘口の食パンが大部分を占めるのに対して、フランスのパンは塩味のバゲットやバタールなどのハードなフランスパンがほとんどを占め、食パンはほんのわずかしか見られない。専門家が指摘しているように、パンを買う時多くのフランス人はわざわざ、

「パンを一つください、よく焼けたのをね」

と断っている。そこで私たちも真似をしてよく焼けたパンを買って試してみると、焼きの浅い

焦げ目のつかないパンよりもよく焼けたパンのほうが確かにおいしい。皮はパリッとしていて香ばしいし、中はふっくらとしていて弾力がある。

サンドイッチなどはどうするかというと、やはりフランスパンに半分にナイフを入れ、パテやソーセージ、ハムなどを挟んだ、横に細長いサンドイッチが出来上がる。若者や学生たちは、こんなサンドイッチを買って軽食代わりに立ち食いをしている。汽車で旅行中、食堂車へ食事に行くのは一等車の客くらいのもの、普通のフランス人は手さげの中から長いバゲットのサンドイッチを取り出し、ポットのお茶を飲みながら、モソモソと食べている。かなりの年齢の老夫婦がやはり自家製サンドイッチを食べているのに出会ったことがあるが、お年寄りの歯にはさぞ固くて食べにくいだろうな、などと余計な心配をしていると、お二人は時間をかけて食べ終わり、さらにチーズとデザートのお菓子もちゃんと食べて満足そうであった。

フランス人に聞くと、やはり、

「昔は良かった。人々は親切だったし、泥棒なんかいなかった。それが今はどうだ。フランスは泥棒の国になってしまった」

と言うけれど、食べ物がまずくなったという話はあまり聞かない。農薬なども日本ほど大量には使わず、アメリカ化の波にも抵抗して、昔ながらのやり方を頑固に守ろうとしているように思われる。フランス人に可能なことなら、日本人にだってできるのではないだろうか。

大晦日の出来事

〝さらば、われらが束の間の夏の光よ……〟（「秋の歌」）とうたったボードレールの詩そのままにパリの短い夏の日々が過ぎて行き、枯葉の舞う秋になった。十月はお芝居や音楽会、展覧会などさまざまな催し物のシーズンの幕開けである。夜遅くお芝居がはねたあと、何かちょっと食べたいというお客のために、深夜まで営業している夜食の店があちこちにある。舌の焼けるようなオニオングラタンスープとか、焼き立てのエスカルゴにブドウ酒などで体を温める。

街には焼き栗の香ばしい匂いが流れ、「マロン・ショー（焼き栗の熱々だよ）」と売り声が聞こえる。といっても大きな声で叫ぶわけではなく、口の中でつぶやくように言っているだけである。街角のスタンドで売っているクレープやゴーフルにもつい手が出てしまう。中に入れるものはジャム類やチョコレート、果物、チーズにソーセージ、リキュール類などと何十種もある。辛党には塩味のソバ粉入りクレープが口に合う。

　カルチエ・ラタンの学生街に行くと、真夜中でも人と車の波で活気がある。もう二十三年も「禿の女歌手」のロングランを続けているユシェット座のあるユシェット通りには、砂漠の民が食べるような羊肉のサンドイッチを売っている。じりじりと焼けている肉をナイフで削り取って玉ねぎと一緒にパンに挟んでいく、いかにも野性的な食べ物である。前の若いアラブ風の男の人が、

「辛いソースをつけて」

と頼んでいるのを真似して、同じものを買ってみると、ピリッとして意外においしい。立ち食いのこういった食べ物も楽しいが、冬の食べ物の王者はやはり何といっても牡蠣であろう。

　新鮮な殻つきの牡蠣を籠に山と積んで店先に並べる。丸型のブロン、細長いマレンヌ、ポルチュゲーズなどいろいろな種類の牡蠣があり、値段もピンからキリまである。朝市などでは、小粒のクレール牡蠣が一ダース十フラン（五百円）からあるが、一流のレストランでブロンを食べれば、一粒何十フランにつく。

　わが家では牡蠣専門のレストランから買ってきて家で殻を開けていたが、この殻を開けるのが難事業であった。一ダースも開けると大抵手をすりむいて血がにじんでくる。しかし牡蠣は食べたい。プロの牡蠣屋さんではどうやってむくのだろうか。大の牡蠣好きの夫はある日、何

度目か牡蠣を買いに行った時、店のおじさんに聞いてみた。

「ムッシュー、あなたはずいぶん上手に殻をむくけど、何か特別な道具を使っているのですか？」

「いいや、ただのナイフですよ。牡蠣ナイフなんてのを売ってるが、あんな物は役に立ちゃしません」

「自分でやってみるんだが、どうもうまくできないんですよ。何かコツでもあるんですか？」

「こうやって、ちょうつがいのところの隙間にグッと一息にナイフを差し込む。先の方へナイフを入れちゃいけない。殻を壊しちゃう」

「ははあ、なるほど。ぼくは先のほうにナイフを入れてこじ開けるんで、いつも殻が壊れるんだ。しかしムッシュー、さすがにプロは違う。実に手際がいい、そんなにうまく開ける人を見たことがない、あなたは天才だ」

夫がひたすら感心してみせると、気をよくしたおじさんは、ウインクをして、

「心配めさるな、旦那、私が開けてあげますよ」

「それはありがたい、助かった！」

喜んだ夫が、ムッシューになにがしかのチップをはずんだことは言うまでもない。あの苦労を思えば安いものだ、とすっかりうれしくなってしまった。

「これからは前もってお電話ください。そうすれば時間までに開けておいてあげますから」

「それは好都合だ、頼みますよ」

それからというもの、牡蠣を食べる度に格闘せずにすむことになったのだ。牡蠣好きの夫は、

「牡蠣のためならどこまでも」

喜々としてその店まで牡蠣を取りに行くのだった。

フランスではクリスマスと十二月三十一日の大晦日に大ご馳走をするが、オードブルにはこの生牡蠣がつきものである。「伝統的な大晦日の献立」というのが週刊誌に載っていて、ずいぶんいろいろなものを食べる、と書いてある。写真つきで作り方も出ている。よし、これを作ってみよう。ちょうどパリジェンヌの友人たち、ジャクリーヌとシルビア、それに日本から遊びに来ていた友人たちと一緒に大晦日を過ごす約束をしていたので、フランス式のご馳走でもてなすことにした。その夜の献立は次のようなものであった。

食前酒（キール、ポルト、シュズ）

生牡蠣五ダース

フォワグラ

白ソーセージ、トリュフ入り

七面鳥丸焼き（栗の詰め物入り）

サラダ
チーズ
デザート（ブッシュ・ド・ノエル）
シャンパン

七面鳥の丸焼きはアメリカや他の国々でも食べるが、生牡蠣、フォワグラ、それにブーダン・ブランと呼ばれる白いソーセージは珍しかった。最後にはシャンパンの銘酒ドン・ペリニヨンを開けて祝杯を挙げながら除夜の鐘を聴いた。この夜ばかりはかなりの無礼講も許されるとあって、ジャクリーヌとシルビアは二台のギターでデュエット、フランスやスペインの歌を歌えば、日本の友人たちは持参したカセットテープの伴奏で日本の歌を歌ったり、と陽気な楽しい一夜になった。明け方の四時頃、夫が女性たちのためにタクシーを拾いに外へ出かけて間もなく、玄関でベルが鳴った。

「ちょっと騒ぎすぎたかな、文句を言われるかもね」

と言いながら出てみると、初老の婦人が悄然とした様子で立っていて、

「○○が急病でタクシーを呼びたいのです。こんな時間に申し訳ありませんが、電話を貸していただきたいのですが。お宅だけ窓に灯りがついていたので」

「どうぞ、どうぞお入りください」

友人たちも何事かと固唾をのむ。

「誰かが急病らしいの」

「なんだか泣いているみたいよ、気の毒に」

電話口ですすり泣きながらタクシー会社に電話をしている老婦人に、みんなで同情して心配した。

「タクシーは一台もないそうです。メトロの始発を待つしか方法はありません」

肩を落として帰って行ったその婦人を見送ったあと、

「誰が病気ですって？」

とジャクリーヌに聞くと、

「彼女の飼っているネコが大ヤケドをしたんですって」

という。それを聞いたわれわれ日本人一同は、

「なあんだ、ネコか」

とずっこけてしまった。ネコならいいというわけではなかったが、私の拙いフランス語のせいで、患者は人間だと思いこんでいたのである。

「ネコだって子供と同じなのよ」

とジャクリーヌとシルビアは心外そうに言う。

後日、この「ネコのマダム」に出会った時、ネコの安否を確かめたら、

「その節は本当にありがとうございました。おかげさまで生命を取り留めました。どうぞ一度私の子供たちを見にいらしてくださいませんか」

と言う。

「子供たちですって?」

「ええ、ネコたちです、十一匹いますのよ」

独身のこの婦人は、自分のアパルトマンで十一匹の〝子供たち〟に囲まれて暮らしているのだった。感動家の友人はその夜の出来事を、

「まるで古いフランス映画の一コマを観ているみたいだった」

と形容した。本当にその通りだった。

未知の客からの贈り物

「〝眼を三個ください〟というのはおかしかったね」

「その伝でいくと、〝スーパーマンを四人ください〟になっちゃう」

「『宇宙から来た猫』だったら、〝猫を五匹ください〟と言うと、本当に猫がゾロゾロ出てきたりして」

何の話かというと、この日私たち親子三人はモンパルナスの映画館に行き、フェイ・ダナウェイ主演の『ローラ・マルスの眼』（邦題『アイズ』）という映画を観たのだが、映画の切符を買う時、私たち外国人は省略せずに、

「『ローラ・マルスの眼』を三枚ください」

と言う。ところがその前に並んでいたフランス人の若者は冒頭の会話のように、

「眼を三個ください」
と言ったのだ。さすがにこれは目玉小僧のような感じでおかしかったと見え、周囲のフランス人からもクスクス笑い声がした。

映画の切符を買うのに普通は一枚、とか二枚とか枚数を言うところを、なぜわざわざ映画の題名を言って買うかというと、フランスでは同じ館内にいくつかのホールがあって、異なった映画を同時に上映しているからなのである（現在のシネコン）。『宇宙から来た猫』は超能力を持った猫を主人公にしたＳＦ映画、『スーパーマン』『アイズ』は日本でも公開されたので説明するまでもないが、それぞれ映画の題名である。

さて、その映画を観終わってから、どこかレストランで夕食を食べようということになり、行きつけのイタリア料理の店ラ・ルーに入った。モンパルナス通りの東端にあるこの店は、わが家から歩いても数分という近さで味と値段もリーズナブル、店の雰囲気も感じが良かったので、私たちはよく映画やお芝居の帰りに寄って食事をした。どんなに遅くなってもここからなら歩いて帰れるので安心だ。

まず、食前酒を注文する。
「何にいたしましょう」
「いつものヤツを」

「アペリティフ・メゾン（自家製食前酒）でございますね」

「そうそう」

　この食前酒は美しい紅色で、グラスの縁を濡らしてグラニュー糖をまぶしてあり、お酒とともに砂糖が少しずつ溶けて口の中に入っていくようになっている。これが口当たりがよくてなかなかおいしいのである。フランス人は食前酒が好きで、普通の家庭でも食前に必ず一杯の食前酒を楽しむ。その種類もさまざまで、甘口、辛口、ストレートでグラスに注いで飲むもの、調合してカクテル状になったものなど何百種とあって、レストランではその店の名をつけた独自の食前酒を置いているところが多い。キールとかポルト、マルティニといった名の通った飲み物を注文することもあるが、自家製の食前酒も当たり外れがなく、何が出てくるのかな、という楽しみがあってよいものである。ラ・ルーの食前酒の作り方を知りたいと思って、

「これには何が入っているのですか？」

と聞いたところ、ウェイターは、

「それは秘密です」

と言いながらウインクして、

「でもあなただけに教えてあげましょう。○○と、○○と、○○を入れて…」

と詳しく教えてくれたにもかかわらず、すぐにメモしておかなかったので忘れてしまったのは

まったく残念である。

ちなみに、キールは家庭でも簡単に作ることができるし、大抵のレストランに置いてある人気のある食前酒だが、キールはなぜキールという名がついたか？　料理やワインについての権威であるフランス大使館のグロール氏によると、キールの歴史は比較的浅くて、二十年くらい前に辛子やエスカルゴの産地として知られるディジョン市の市長キール氏が初めて命名したものである。カシスのリキュールを辛口の上質な白ワイン、シャブリで割るのがキール氏のオリジナルで、シャンパンで割ればキール・ロワイヤル（王様のキール）と呼ばれる。これは爆発的人気を博し、今ではフランス中どこへ行ってもキールにお目にかかれるようになった。

さて、先ほどのラ・ルーでの食事の続きに戻ると、食前酒を飲み終わる頃、オードブルが運ばれてくる。娘は例によって生ハムとメロン、私はアーティチョークのサラダ、夫はミネストローネをとった。

「生ハム、どう？」

「まあまあだけど、やっぱりベニスのが最高ね、メロンもベニスのほうがおいしい」

「生ハムとメロンは、何と言ってもイタリアが世界一じゃないかな」

「フランスのバイヨンヌの生ハムがおいしいと言ったって、やっぱり一味違うもの」

主菜には私たちの好物のオッソ・ブッコとホウレン草入りの緑のパスタをとる。毎度オッソ・ブッコが出てきて恐縮だが、これは仔牛の下肢を骨つきのまま輪切りにし、トマトと白ワインで煮込んだもので、仔牛のさっぱりとした肉とトマトのソースが溶け合ってとても美味である。かなり濃厚なソースだが、フランス料理のように生クリーム、バター、チーズなどを多量に使わないので、重くない。イタリア料理を食べた翌日は、胃がもたれるなどということはまずないから安心である。

　三人で今観てきた映画のことなど、あれやこれやと感想を述べ合い、「眼を三個」の話を思い出して吹き出したりした。食事もおいしかったし、私たちは満ち足りた気分で、デザートの品書きの中からルー風リンゴを注文した。これはリンゴをくし型に切り、黒蜜をかけてオーブンで焼いたものに、たっぷりと生クリームを添えてくれる。焼き上がるまでに二十分かかるので、のんびりと待つことにする。娘が見つけたデザートで、彼女はこれが大変気に入っていた。

「ちょっと甘いけれど」

などと言いつつ、太るのを気にしながら、お皿に残った黒蜜まできれいに食べてしまう。夫は、

「今日のキャンティはなかなかいいね、ハーフボトルをもう一本追加しよう」

など、すっかり上機嫌、鼻が曲がりそうに臭いチーズ、ゴルゴンゾラの大きな一切れを平らげて、やっとお勘定を頼む段になった。勘定書を持ってきたウェイターが、

「ワインは計算に入っておりません」

と小さな声で耳打ちする。

「それはどうして?」

「ある方からお客様へ、フランスご滞在を歓迎してワインを差し上げたい、というご伝言がございました」

「どなたでしょう、その方は?」

「それは申し上げられません」

「直接お礼を申し上げたいところだが、それではせめてお返しに食後酒のコニャックでも差し上げてください」

「ウイ、ムッシュー」

ウェイターと夫のやりとりを聞いていた私たちは興味津々、レストランの中の客をそれとなく見回していた。しばらくして戻ってきたギャルソンは、

「せっかくのご好意ですが、食後酒は辞退されてお帰りになりました。実はたった今までこの後ろのテーブルにいらっしゃったお二人からだったのですよ」

「ああ、やっぱり…」

もしかしたらそうではないかと思っていたのだ。その二人連れは年のころ五十歳くらい、ジャン・ギャバン風の渋い男性と、フランソワーズ・アルヌールに似た若い女性のカップルで

あった。ウェイターが私たちの席に来て、フランス語でやりとりすると、私たちの方をチラチラと見て、こちらの話に興味を持っている様子だった。二人が小声で話し合っている会話の内容は私たちには分からないが、背中合わせの夫は時々耳に入るらしく、

「ぼくたちのことを話しているよ、日本人だと言っている」と言う。

「私のことをずっと見てたよ。可愛いというふうに、にっこりしてた」と垂穂。

「フランス人は女性に優しいから、あのワインはもしかしたらママに」

「いやいや、パパのフランス語のおかげさ」

「誰のおかげかはともかくとして、一体どうして私たちにワインを贈ろうと思ったのでしょう」

「フランス人て割合にケチなんでしょ？　あんなことするなんて信じられない」

「そうだよ、とってもしまり屋のフランス人だけに、これはよほどの特別な好意だろうね。もしかしたら日本へ行ったことがある人で、日本に良い思い出があるとか」

「若い娘さんが一人で食事をしているところへ、若い男性がワインを贈るというのは聞いたことがあるけれど」

「外国人の家族連れときては一フランの得にもならないんだから、言ってみれば無償の行為だね。こういうのをフランス的もてなしとでも言うのかな」

時たま、ふらりとあの店に来るというその客に、もしかしたらまた巡り会えるかもしれないという期待を持って、それから何度か私たちはラ・ルーに足を運んだが、ついに出発の日までに会うことはできなかった。直接会って一言お礼を言えなかったのが心残りだったが、名前も告げずにそっと立ち去ったあの二人のことだから、面と向かってお礼を言われたらかえって当惑したかもしれない。

帰国する時、日本の墨絵の色紙にお礼のカードを添えて店に託してきたが、あの人たちは受け取ってくれたであろうか。あの時のことを思い出す度に、今でも胸が熱くなる。

フランス人の胃袋

フランス人ほど口の中に何でも入れてしまう国民は、世界広しといえども少ないのではなかろうか。フランス料理のオードブルとして知られるようになったエスカルゴ（カタツムリ）やカエルは序の口で、腎臓、腸などのさまざまな臓物類、脳みそ、頭、耳、足、軟骨など、動物のありとあらゆる部分を捨てないで、独自の珍味を作り上げてしまう。それはちょうど日本人が、一匹の鮭を頭から尾まで使って何種類もの料理を作るのに似ている。

日本人にとって、肉といえば牛、豚、鶏まで、それに羊が加わるくらいなものだが、フランスの肉屋さんに仔牛、仔羊、鴨、ウズラ、七面鳥や豊富な野鳥類、ウサギ、鹿、猪までがずらりと並ぶさまは壮観である。それに馬の首を看板に上げた馬肉屋もある。

フランスに着いたばかりの頃は、今まで食べたことのない馬や鹿など口にするのはためらわれて、ごく普通の肉を買っていた。いや、買っていたと思っていたのだが、ある日朝市の一軒の肉屋さんでステーキ用の肉を買い、ふとテントに書いてある文字を見るともなしに見ていると、chevaline《シュヴァリーヌ》と書いてある。

「シュヴァリーヌ？　確かcheval《シュヴァル》というのは馬だったような気がするけれど。シュヴァルとシュヴァリーヌ、なんだか似ている。ひょっとして…？」

家へ飛んで帰り辞書を引くと案の定chevaline（馬肉屋）と書いてあった。朝市の店はテントがけの屋台のようなものだから、馬の首までは飾ってなかったので、牛肉と見分けがつかないのである。

「ウサギとか馬とかエスカルゴは絶対に食べられない」と言っていた娘がそれと知らずに、

「あの肉屋さん、とても感じがいいから、あそこで今日のお肉買わない？」

と言い出したのが始まりで、わが家では馬肉のステーキ、馬肉のハンバーグを三ヵ月も食べていたのだった。日本では馬肉をさくらというくらいだから、きっと桜色をしているのだろう、という先入観があったのだが、実際の馬肉は牛肉よりむしろ濃い赤黒い色をしていた。馬肉などはゲテモノのうちには入らないが、日本では特別な店とか特別な地方にでも行かないと、一生食べる機会はなかったかもしれず、知らずに食べてみると案外にくせのない味でおいしかったのである。

ゲテモノで思い出すのは、仏文学者のT氏と一緒にシェ・レザンジュという一つ星のレストランに行った時のことである。私たちはあまり得体の知れぬものは敬遠して、ごく普通のものを注文したが、自他ともに許す食通のT氏は何か特別なものを注文なさる様子である。

「Tさん、何になさいますか?」

「それは見てのお楽しみ」

と一人ニヤニヤしていらっしゃる。やがてウェイターが持ってきたのは、ちょうどナポレオンの帽子を小さくしたようなもので、お皿の真ん中にこんもりと盛り上がっている。色は何ともいえない灰白色で、およそ食欲をそそる色ではない。

「どんな味ですか?」

「なかなかオツなものですよ」

ゲテモノ好きのT氏、一人悦に入る。

「なんだか柔らかそうですが、歯ごたえは?」

「フニャフニャのプリンプリン、ですかな」

「温かいのですか、冷たいのですか?」

「生ぬるいですね。ちょっと味を見ませんか?」

「いえいえ、けっこうです。ところでその正体は何です?」

「仔牛の頭ですよ」

仔牛の頭をおいしそうに平らげるＴ氏の口元を感嘆しつつ見守っていた私たちだったが、本当にあの生ぬるい頭はおいしかったのだろうか。茶目っ気のあるＴ氏が私たちの度肝を抜こうとして、わざとあんなものを注文なさったのではないか、といまだに少し疑っているのである。

私たちはエスカルゴが好きで、にんにくバターを詰めて焼くばかりになったエスカルゴを買ってきてはオーブンに入れ、バターが溶けてジュージューいっている熱いところを食べたものだった。

「日本のカタツムリとは違って、砂やワタを出してきれいにしてあるのだから大丈夫、おいしいから食べてごらん」

と勧めても娘は、「気持ちが悪い」の一点ばりでエスカルゴには決して手を出さなかった。しかしこの仇敵エスカルゴも、ある時招かれたＧ家の食卓で、いつのまにか娘の口に入ってしまっていた。

パリに行って間もなく、夫の大学の教え子のＩ君が下宿させてもらっているフランス人の家庭のＧ一家と知り合いになった。正確にはご主人がアメリカ人、奥さんがフランス人で、二人のティーンエイジャーの娘さんがいる。小柄な体にまるい顔、クリクリした目に眼鏡をかけたＩ君は、穏やかな人柄で、みんなから愛されている得な人である。彼の人柄がＧ家の人々を親日家にしたといえるが、I君の知り合いである、というそれだけの理由で、どれだけ多くの日本人が食事に招かれたり、泊めてもらったりしたことだろう。

　I君が初めてG一家と出会ってからもう五年、今では単なる下宿人ではなく、夏やクリスマスのヴァカンスも共にするほど、家族同様の扱いを受けている、という。私たちが、

「I君は本当に幸運な人ですね。よほどGさんに感謝しなければ」

と言うと奥さんのクリスチアーヌは、

「いいえ、幸運なのは私たちのほうよ。彼みたいな日本人と知り合ったおかげで、海の彼方の遠い国だった日本をこんなに知ることができたし、たくさんの日本の友人を持つことができたのですもの」

　パリには独身者が大勢いるが、彼ほど恵まれた環境にいる人は少ないだろう。朝晩の食事、洗濯・掃除つき、二十畳はあろうかという家中で一番広い部屋をもらって暮らし、夕方勤めから帰宅すると、可愛い少女たちが待ちかねていて、頬にキスしてくれる。I君が何年ぶりかで休みをとって日本へ帰っていた一ヵ月ほどの間、子供たちはすっかり食欲をなくしてしまったほど、彼になついている。

　一度も日本へ行ったことのないG家の人々だが、日本食が大好き、一週一回は必ず日本食にする。ご主人のボブみずから、ランジス市場まで行き、生きのいい魚を仕入れてくる。台所に

は出刃、刺身包丁、柳刃など、本職顔負けの包丁がずらりと備えてある。I君の指南で、今では魚のおろし方もうまくなった。

「刺身の作り方を教えたら、ボブが気に入っちゃいましてね。それ以来魚は生が一番だと言って、片っぱしから生で食べさせるんです。この前なんかはエイの刺身が出て、参りました」

「エイはどうでした？」

「いや、さすがにぼくも一切れで止めました」

G家には料理人が三人いて、交代で台所に立ち、得意の料理を作る。ご主人のボブはユダヤ料理、クリスチアーヌはもちろんフランス料理、I君は和・洋・中華なんでもこなすが、それもそのはず、この人は調理師の免許を持っている、という変わり種である。

さて、G家に招かれると、今夜はどんな珍しいご馳走が出てくるか、といつも楽しみだったが、ある日、オードブルにシャンピニョン・ファルシー（マッシュルームに詰め物をした一品）が出た。大きなマッシュルームの軸を取って、傘の中に何かを詰め、にんにくバターをのせてオーブンで焼いたものだが、すばらしくおいしい。

「中に入っているもの、何だか分かる、タリホ？」とクリスチアーヌ。

「メンマかしら？」

などと娘がトンチンカンな答えをしたので、皆が笑う。

「実はエスカルゴなのよ。お味はどう？」

「おいしいです…」

サラダの次には肉料理が出た。鶏のような感じの肉で、マスカットと白ワインで煮込んだもの。

「これは何だと思う？」

「ひな鶏でしょう」

と答えると、子供たちがまたクスクス笑う。お皿に取り分けられた肉は鶏そっくりだがちょっと違う。

「ウサギでした」

「やっぱりウサギは弱いわ、寄宿舎でもウサギが出ると匂いで分かるし、かわいそうで食べられないの」

その日は、どうやら以前に垂穂が絶対食べない、と話していたものをクリスチアーヌが覚えていて、わざと実験したらしい。

その次はＧ一家をわが家に招待した。家族四人とＩ君、それに犬のミンギーまで引き連れてやってきたので、ささやかな３ＤＫのわが家は満員だったが、そんなことは全然気にもかけない、さっぱりとした庶民気質の人たちであるのがうれしかった。

オードブルはちょうどシーズンの生牡蠣、主菜はフランス人が大好きなリ・ド・ヴォ（仔牛の胸腺）と脳みその煮込みにした。知人のK夫人から教わったばかりで大変手のかかる料理なので、前日のうちに仕込みをしておく。まず、市場の臓物屋さんに行き、胸腺一キロ、脳みそ二個を買う。値段は牛ヒレの最上肉より高価である。日本では脳みそなど誰も買わないから、肥料にでもなってしまうのではあるまいか。まったく、所変わればものの値打ちも変わるものではある。臓物屋のおばさん曰く、

「とてもおいしいですよ。胸腺も脳みそも大変なご馳走で、祭日かお客さんに出すものです。今夜はお客さん？」

「ええ、そう、フランス人の友だちです」

　胸腺は見たところ魚の卵のような形をしている。薄皮と筋を丁寧に取り、ブイヨンの中でゆでる。脳みそはヒダがたくさんあって、その間に溜まっている血を水道の下で丁寧に洗い流す。両方とも白っぽい色をしており、捕まえどころのないグニャグニャした柔らかい物体である。塩・コショウして、バター焼きにした胸腺と脳みそに、マッシュルームと小玉ねぎを加え、フォン・ド・ボー（仔牛の骨と野菜を煮詰めて作ったソース）にトマト・ペースト、生クリームを加えて煮込むと出来上がりである。フォン・ド・ボーを作るだけで一日がかりだから、フランス料理を本格的に作るとなると、ずいぶん大仕事である。

フタつきの温めた鍋に入れた料理をテーブルに出し、フタを取る。

「わあ、リ・ド・ヴォだ」

みんなの目が輝く。

「ぼく、胸腺も脳みそもダメなんです、すみません」

「私も」

とI君と垂穂だけが食べない。二人には同じソースで煮た仔牛の肉を取り分ける。

「I君、あんたはダメねえ、こんなおいしいものが食べられないなんて」

クリスチアーヌや子供たちにからかわれている。パリに何年住んでいても、食べられないものはあるらしい。

日本へ帰ってきてみると、テレビのコマーシャルで

「コトコトと三昼夜、フォン・ド・ボー」

などと宣伝しているではないか。

「へええ、やりますねえ。フランス料理のエッセンスとも言うべきフォン・ド・ボーまでインスタント食品になっているとは」

と驚いた。日本人は世界中の料理を自分の国の料理へ取り入れて、いつのまにか自分のものにしてしまうようだ。フォン・ド・ボー入りS&Bカレーは従来のカレーより確かにおいしい。

「違う」ことの楽しみ

日本へ帰ってきて娘が一番驚いたのは「人にぶつかっても誰もパルドン（失礼）と言わないこと」だったという。老いも若きも男も女も、おしなべてだんまりで、ドスンとよろけるほどぶつかっても、

「失礼しました」

「ごめんなさい」

という言葉はほとんど聞かれない。礼節の国日本として世界に聞こえているというのに、これだけは外国人の目にきっと不思議に映ることだろう。欧米人のみならず、アジアの他の国々の人々も同じ印象を受けるらしいのである。

先日の朝日新聞にこんな記事が出ていた。アジアの数ヵ国の新聞記者が招かれて滞在した。

そのニッポン印象記の中に、

「ラッシュアワーの駅のホームで、電車から降りた女性と乗ろうとした男性が衝突して二人とも転んでしまった。どうするかと見ていると、二人は黙って起き上がり、黙って別々の方向に立ち去った」

というのがあった。礼儀正しい日本人にあるまじき不可解な態度で大変に驚いたそうである。この記者の驚きはいかにこの出来事が日本以外の国で異常とみなされるかを示している。ほんの少し前までの日本人はそんなふうではなかったような気がするのだ。人にぶつかれば挨拶をしたし、なによりも人にぶつからないように気を遣ったものだ。狭い道で人とすれ違う時は、ちょっと体を斜めにしてぶつからないようにしたし、電車の中で足を組んだり、通路に足を投げ出したりすることは行儀が悪いと言われたものだ。

欧米人は他人の体に直接触れることを大変失礼なことだと考えるらしい。人混みの中で、あるいは乗り物の中でちょっとでも体が触れたり、足を踏んだり、バッグなどがぶつかったりすると、すぐに、

「失礼」

と謝る。謝られたほうは、少々踏まれた足が痛くても、にこやかに、

「サ・フェ・リヤン（何でもありません）」

などと答える。

ところがもっと重大な過失、例えば自動車事故を起こしても決して「すみません」と先に謝ってはいけない、とかウェイターがお皿を落として割っても決して自分が「落として割った」のではなく、「落ちて割れた」と言う、などというエピソードを聞くと、一体フランス人の頭の中はどうなっているのだろうと思ってしまう。私たち日本人は、自分が悪い時には率直に謝るべきだと考えるが、非を認めることによって賠償責任が生じるような場合には、軽々しく認めないほうがよい、というのがフランス人の考え方なのであろう。

たった一年間日本にいなかっただけなのに、まるでフランス人の側に立って日本人の批判をしていると思われるのは本意ではないが、日本人は昔はこんなではなかったと思うことが目について残念に思ってしまうのである。

例えば老人、障害者、妊婦などに対する心遣いを比べてみよう。フランス人は小さい時からこのような人々には席を譲ること、と厳しくしつけられているので、必ず誰かが席を譲る。日本のシルバーシートに相当するような席がパリのメトロにもあるが、その席に若者が座っていて、老人が立っているなどということはありえない。日本の若者たちのように、

「俺たちも同じ電車賃を払ってるんだ、座って何が悪い」

などともしパリで言ったとすれば、乗客たちから総攻撃を受けるだろう。しつけが良い、しつ

けが悪いといった表現は、娘の通った学校でもしょっちゅう耳にした。しつけの悪い子供は親の責任であり、社会の責任でもある。

子供と犬はしつけられるべきもの、なのである。子供と犬を並べるなんて、と思われるかもしれない。子供が犬並みに扱われているのか、犬が子供と同じくらい大切にされているのかは定かでないが、実際に「家族切符」と呼ばれる割引切符には「大人何人、子供または犬何人、何匹」と印刷された欄があって、旅行中にそれを発見した私たちの間で、ひとしきり話題になったものである。

先日、ある週刊誌に一流ホテルの一流レストランが紹介されていて、夏休みに家族連れ、子供連れで行きたい人のために、とわざわざお子様料金まで書き添えてあった。日本では犬の地位は低いから、さすがに犬は数の内に入れてもらえない。それにしても何という親切！　何というサービス精神！　日本は本当に子供の天国である。子供のしつけ、子供の社会的地位、子供の扱いなどすべての点において、日本とフランスは考え方が百八十度違う。何度もくり返すように、フランスの親は厳しく子供をしつける。大人の世界と子供の世界は別で、一流レストランに子供を連れて行かない。生活の中の重要な決定はすべて親が行うのであって、子供の意見を聞いたりはしない。子供はまだ一人前でなく働いてお金を稼いでいないのだから、お小遣いもほとんど与えない。

きちんとしつけられた行儀正しい子供を見るのは気持ちのいいものである。しつけという点から日仏の子供を比較すれば、文句なしにフランスの子供のほうに軍配が上がる。しかし一年間同年代の少年少女と学校や寄宿舎生活を共にした娘の経験によると、あまり親の管理が厳しいのも考えもので、どこかにそのしわ寄せが出てくるのではないか、という。大変残念なことだが、学校では盗難がひんぱんに起こるので、小銭程度のお金しか生徒に持たせないように、としばしば注意を受けた。かなり裕福な家庭の子供たちも、お小遣いを持っていない。いつも小遣い不足の状態だから、お金を持っていそうな子が狙われる。娘は盗難に遭ったことはないが、しばしばお金を貸してほしいと言われ、初めのうちは気前よく貸していたらしい。そのうちフランス人の子供にお金を貸したら催促しないと返してもらえないこと、催促しても借りた覚えがないと貸し倒れになることが多いのに気がついて、貸すのをやめた、という。お金に限らず、日本から持ってきたありふれた筆箱、ボールペン、消しゴムなどは級友の羨望の的であり、「ちょっと貸してね」と持って行った物はまず返ってこないと思ったほうがよい。フランス人に言わせると、お金も物も貸したほうが悪いということになる。しかしながら、子供の世界では、画用紙が一枚足りない、とか絵具が一色足りないから貸し借りする、などということは年中やっていることで、フランス人の子供たちが根っからケチというわけではない。お金が十分になくて、欲しい物が買えないから、ケチにならざるを得ないのだろう。

日本の子供たちのようにあり余る小遣いを与えられ、誕生日やクリスマスには高価なゲームや楽器などを買ってもらい、お正月には何万円ものお年玉をもらう、などということは、フランスでは考えられない。子供たちが手にするのは、本一冊くらいなものである。

こうして考えてみると、フランス方式、日本方式には、それぞれ一長一短があり、文化の違いもあるので、子供の将来のためにどちらがよいか、などということはそう簡単には断定できない。私たちが身をもって体験したのは、国が違い、言語が違い、文化が違う、ということは、生活の中のささいな事柄や習慣が、とにかく違うということなのだった。そして違いがあり未知の体験に巡り会えるからこそ、外国に暮らす楽しみもあると思うのである。

初版あとがき

いま、私たちが過ごしたパリでの一年間の滞在記録を読み返してみて、食べ物についての記述があまりにも多いのにわれながらあきれている。家族そろって食いしん坊のうえに、類は友を呼ぶらしく、友人たちも食べることに無上の楽しみを見出す人々が多い。何かおいしいものを食べよう、という相談ならたちまちのうちに話がまとまってしまう。ましてフランスは自他ともに許す世界一おいしい国、誰でも食べることに無関心ではいられないだろう。

お隣りの国ドイツでは、毎日ソーセージとジャガイモの食事が多いと聞くが、フランスとは何という違いであろうか。フランス人はおいしいものをたくさん食べ、小さい時からワインを飲むし、美食のため寿命も短い。しかしもし誰かが、

「ワインを少し減らして、食事も粗食にすれば、健康的で長生きできますよ」

とフランス人に忠告したら、彼らはなんと答えるだろうか。疑いもなくこう答えるにちがいない。

「八十歳まで生きられるって？　ア・コワ・ボン？（何になるのさ？）おいしいものも食べず、ワインも飲まないのなら、死んだほうがマシだよ」

私たちのパリの一年間について書いてみないかと勧めてくださったのは、三修社の澤井啓允氏である。氏のお勧めがなかったら、おそらくこのささやかな書は生まれなかったことだろう。まったくの素人の私に、初めての書物を世に出す機会を与えてくださった三修社と澤井氏に厚くお礼を申し上げたい。

一九八〇年二月　　丸山直子

『街角のクレープ』は一九八〇年四月に小社より初版刊行した。

本書では一九八三年小社刊行文庫版を底本とし、加筆訂正および一部章題に変更を加えたが、通貨単位、物価その他、社会・経済事情等は当時の臨場感を保つため底本のままとした。

タルト・タタン

「失われてゆく本物の味」に書いたように、タルトはフランス人の大好きなデザートで、わが家でもよく作る。季節のフルーツ、洋梨やオレンジ、イチゴ、栗、かぼちゃなどのタルトが定番。中でも失敗作から生まれたというリンゴのタルト・タタンは、ちょっと焦がし気味のカラメルソースがリンゴと合って野性味のあるタルト。高級なリンゴでなくワケありリンゴでも十分美味しくできる。酸味の強い紅玉がおすすめ。

材料

紅玉リンゴ５個／砂糖 80ｇ／バター 60ｇ／水 大さじ 1／冷凍パイシート１枚／18cm タルト型

調理

紅玉リンゴ５個の皮と芯を取り８等分する。

厚手のフライパンに砂糖、バター、水を入れ煮詰める。

カラメル状になったらリンゴを投入、ゴムべらで優しく混ぜながら煮詰める。

こんがり焼き色がつき煮汁がほぼ無くなったら火を止め、粗熱をとる。

タルト型にオーブンシートを敷き、リンゴを隙間無く二段に敷きつめる。

180℃に予熱したオーブンで 30 分焼き粗熱をとる。

冷凍パイシート１枚を伸ばしフォークで穴をあけ、リンゴの上に被せる。

200℃に予熱したオーブンで 20 分、180℃で 10 分こんがり焦げ目がつくまで焼く。粗熱を冷まし、冷蔵庫で一晩寝かせる。大皿に逆さまにひっくり返して取り出す。

切り分けて、
ホイップクリームか
バニラアイスを添える。

ポトフ

パリでは大鍋でよくポトフを作った。家庭によって具材は十人十色だが、具は丸ごと、ことことと煮るのがポイント。だしの仔牛脛骨は日本では手に入らないので骨付き鶏肉か豚スペアリブで代用、鰹だしを入れると味に深みが出る。和風の鰹だしはフレンチのシェフの間でもトレンドになっているそうである。圧力鍋なら数分、炊飯器なら40分ほどで時間短縮できる。

材料

ニンニク1片 / ベーコン3枚 / 骨付き鶏肉（または豚スペアリブ）4本 / ジャガイモ、玉ねぎ、人参、カブ、太いねぎ 各1個ずつ / ローリエ / パセリ適量 / 白ワイン（または日本酒）100ml / 水500ml / 鰹だし1パック / 塩コショウ、薄口醤油適量 / ソーセージ / ブロッコリー

調理

オリーブ油を熱しニンニク1片つぶしたもの、ベーコン3枚、骨付き鶏肉を炒める。ジャガイモ、玉ねぎは皮をむき、他の野菜は丸ごと入れる。

ローリエ、パセリを加える。

白ワイン、水、鰹だし、塩コショウを投入。

シチュー鍋で中弱火、40分から1時間ことことと煮る。

味をみて塩、コショウ、薄口醤油で味を調える。

ソーセージ、彩りのブロッコリーを入れて5分煮たら出来上がり。

大皿にスープ、肉と野菜を切り分け、盛り付ける。

アイオリソース、バゲットを添える。

☆ 簡単アイオリソース

- マヨネーズ
  大さじ3
- サワークリーム
  （ヨーグルトでも可）大さじ2
- おろしにんにく
  小さじ半分
- 粒マスタード
  小さじ1
- 塩コショウ

よく混ぜる

パリの日々、その後

二〇二〇

拝啓　高倉健様

「高倉健はアラン・ドロンよりいい男」で書いたように、パリの日本映画上映会で高倉健の熱狂的ファンのフランス人母娘ジャクリーヌとシルビアと知り合った。彼女たちはタカクラ・ケンの映画はほぼ全て観ているそうで、中でも『ザ・ヤクザ』は二十回も観たという。その熱意を高倉健さんに伝えたいと思い、帰国後に書いた『街角のクレープ』を一冊贈呈した。たまたま高校の同級生が東映に勤務していたので、東映本社気付で送ったが、四十年前の高倉健さんは人気絶頂の超多忙な俳優で一ファンの手紙を読んでもらえるかどうかはまったく分からなかった。数ヵ月が過ぎ、そのことをすっかり忘れていたころ大きな宅配便が届いた。差出人は「タカクラ・プロモーション」で、箱を開けてみると高倉健のサイン入りカレンダー、写真、そして便せん三枚にびっしりと書かれた自筆の手紙が同封されていた。

手紙の内容は映画の中の健さんの誠実で寡黙な人というイメージそのものだった。本の感想とお礼が丁寧に書かれていて「フランス人ファンの二人にあげてください」とたくさんのサイン入りブロマイドが同封されていた。多分写真は十枚以上あったと思う。手元に何枚か残し、あとはフランスのシルビアたちに送った。彼女たちがどんなに喜んでくれたかは想像に難くない。小さなアパルトマンの壁に飾って朝夕眺めタカクラ・ケンの話で盛り上がったという。

今回の原稿を書くに当たって、高倉健さんからもらったブロマイドや手紙を捜してみたが、なにしろ四十年前のことなのでなかなか見つからない。数年前に終活を思い立ち、古い本や日記、写真、衣類を大々的に処分したので、もしかしたらその時に捨ててしまったのかもしれない。まさかパリのことをもう一度書くことになるとは思わず、パリ滞在中のメモや10年日記も家族でやりとりした手紙も迷いつつ焼却してしまった。本当に残念なことをした。

その高倉健さんも数年前に亡くなった。ブロマイドやお手紙にお礼の気持ちを伝えたいと思ったが、忙しい方にまた気を遣わせるのではないか、と遠慮してお礼状を書かなかったことが今となっては悔やまれる。改めて心から御礼を申し上げ、ご冥福をお祈りする。

丸山直子

往復書簡

丸山圭三郎は筆まめな人で、旅先からよく葉書や手紙を書いて寄こした。手元に残っているそれらを読み返すと、『街角のクレープ』にはなかった当時の暮らしの一端が写しとられていて懐かしい。A型らしい几帳面な性格で、受け取った封書には通しナンバーが打ってある。以下は家族で帰国した後、一九八一年夏に夫が単身で渡仏した際の手紙のやりとりである。

直子から圭三郎へ　一九八一年七月二十六日　東京

パリ着の電話をもらって一安心しました。ヨーロッパは寒波に襲われているそうで、そんなに寒いのだったら長袖の下着を持って行った方がよかったのでは、と思っています。同日のロンドン発ニュースに、チャールズ皇太子の結婚式に夏服で出かけた日本の報道陣が震え上がっている、とありました。

おなじみのレストランや朝市のお店の人たち、それにモノプリ（スーパー）の可愛いマドモワゼルなどに会えましたか。マッシュルームを売っている陽気なおじさんにも会ったらよろしく。

『ソシュールの思想』に対する反響はまだありません。電話も何もなし、静かで急に暇な毎日です。音もない昼下がり、おいしいコーヒーを入れて一人飲みながら一番涼しい書斎でこの手紙を書いています。せっかく時間があるのでこの本を通して読もうと思っています。帰国までにソシュールのソの字ぐらいは理解できるといいのですが。アンコ（愛犬）は自分のタオルの上でだらりと寝ています。夜遅くタクシーの停まる音を聞くと走って玄関へ迎えに行きますが、「なーんだ、パパじゃなかった」というような顔をして戻ってきます。三日ぐらいはそんなことをしていますが、今回は四十日と長い留守なので、そのうち忘れられてしまうかもしれませんね。風邪などひかぬよう、体に気をつけてお過ごしください。

圭三郎から直子、垂穂へ　一九八一年七月二十八日　パリ

七月二十五日、無事ドゴール空港着。研修生達を日本館に送ってからホテル・シュニーへ。ホテルの主人夫妻が歓迎してくれて、唯一のバス付きの部屋を用意してくれました。気温十八度で震え上がり、セーターや長袖を着ています。今日はやっと陽も射し始め、この分だと八月には夏が来そうですが東京はいかが？

二十六日、夕食は行きつけの中華ジャルダン・ド・キンへ行きました。パトロンが挨拶にきてメイ・クェイ・ルー（中国酒）を出してくれました。あの眼鏡のカンボジア人のボーイさんは、独立して別な所へ店を出したそうです。もう子供が二人いて幸福な生活を送っていると言っていました。

ポール・ロワイヤルの旧わが家のアパルトマンには名前の知らない日本人が住んでいました。フランス人は例の日本人の忌まわしい事件（佐川事件）は全く気にしていない様子、むしろ日本の新聞の方が神経質のようです。フランス人は個人主義ですから、そんなことで日本人全体に悪感情をもつことなど考えられません。

二十八日、近くの食料品店に寄ってみたらあいにくヴァカンス中。朝市を懐かしくのぞいてネクタリンを一キロ買い、文房具店でこの便箋や封筒を求めホテルに戻ったところ。パリは物

価が上がったことを除けば全くあの頃のままです。毎日四～五キロは歩くので顔は真っ黒に日焼けし、お腹も引っ込んで健康そのものです。夏休み中、家にいたらとてもこのような健康法は望めなかったことでしょう。やっぱり来てよかったと思っています。「非日常性の下に、再活性化をはかっている」というところ。肩の凝りもすっかり消えてしまいました。フランスはぼくにとってエネルギー源のように思われます。『ソシュールの思想』の反響がぼつぼつ来ている頃と思いますが手紙で知らせてください。体と火の元に気をつけて。

Je vous embrasse affectueusement.（愛をこめて）

直子から圭三郎へ　一九八一年七月二十九日　東京

お待ちかねの郵便物の報告をしましょう。たくさんの方々から『ソシュールの思想』に対するお礼状、感想が届いています。『現代思想』にも掲載されています。

「言語哲学者から見た現代批評」

「歴史学者は言語学と人類学の方法論の進歩に圧倒されっぱなし」

「ソシュール学の地平を拓く」

「自由なものの非自由性という矛盾、という言葉が強く印象に残る」
「ソシュール現象に惑わされ、〈言語学講義〉しか知らぬ一人であったがソシュールを言語学でなく思想と題されたことが意味深い」など。（後略）

圭三郎から直子へ　一九八一年八月四日　ディジョン

　昨日は電話の声を聞いて安心しました。今朝手紙が着いており、早速カフェテリアで先ず一読。今部屋に戻って読み返したところです。多くの人々からの反響当然のことながら嬉しい気持ちです。何しろ自信作ですからね！　この本について書評が出たら葉書でいいから一筆お礼を頼みます。反響があり次第、またまとめて知らせてください。

　こちらは万事うまく行っています。毎日すばらしい天気で抜けるような空の青、涼しい風、おいしいワインと食事、言うことありません。

　スタージュ（研修）参加の指導教授や職員と会食をしましたが、他の人たちはまったく食欲を失っているのに、ぼく一人がオードブルからデザートまで平らげるのを見て呆れられました。ぼくにはフランスの水が合うのです。

　ディジョンの街でタクシー運転手と楽しく会話を交わしました。運転手は「昔と違って食べ物の季節感がなくなった、アメリカナイズした、若い世代は味がわからなくなったことなどが残念だ」と言っていました。日本もそうだと言っておきました。

こちらでは勉強をする時間もあるので今日からプリエートさん（Luis J. Prieto 言語学者）の本を読み始めるつもりです。そちらも小旅行を楽しんできてください。

垂穂から圭三郎へ　一九八一年八月十日　八王子

お元気ですか？　私は今、八王子のスタージュに来ています。来る前はなじめるかどうか不安でしたが、一日目からいろいろな大学の人と知り合うことができて楽しく過ごしています。春の研修に参加したというSさんに「口元がお父さんに似ている」と言われ、なかなかのショックを受けました。まだ自分からフランス語で意見をうまく言えません。研修が終わる頃にはスラスラといきたいものですが、どうなることやら…。ではまたお元気で。チョコのおみやげ、お願い。

圭三郎から直子、垂穂へ
一九八一年八月二十二日　ジュネーヴ

帰るのが早いか、この葉書の着くのが早いか分かりませんが出してみます。今日はゴデルさん（ジュネーヴ大学教授）の家に招かれて大変なご馳走になりました。プランパレ公園の工事が終わり、三年ぶりに青々とした原っぱの上で犬が百匹ぐらい遊んでいます。アンコを連れてきたいと思いました。すべて順調です。

À bientôt!（ではまた）

コンピューターおばあちゃん

一九六〇年代から一九八〇年代を海外で過ごした人々はどのような方法で日本の家族や友人と連絡を取り合っていたのだろうか。私たちが海外に住んだ時代にはコンピューターもなくスマホもなかったので電話か手紙を書くしか手段がなかった。国際電話はとても高価で当時一通話三千円ぐらいした。一年に一回お正月に「おめでとう！」と双方の実家に電話をするぐらいで、ほとんどは手紙だったと思う。手紙は海外生活の大きな楽しみで毎日のように手紙を書き、エアメールで返事が来るのを首を長くして待ったものだった。

一九九〇年代に入ってウィンドウズ95が発売され、コンピューターが企業だけでなく一気に個人にも広まった。そんな折、高校クラス会で同級生からパソコンを勧められた。彼女の名前は最近「コンピューターおばあちゃん」としてメディアでもあちこちで引っ張りだこになっている若宮正子さん。自作したアプリ『hinadan ひな壇』はアップル社などIT業界からも注目され人気を博している。自宅ではパソコン教室を開き近所の主婦たちにパソコンの使い方を教えているという私と同年齢のスーパーウーマンである。

手動のタイプライターからワープロへ、そしてパソコンへと時代は急速に移行していった。私のような高齢者にとってもパソコンは新しい世界へ導いてくれるかもしれないツールのように思えてきた。ちょうど手にしたチラシでパソコン初級教室が近くで開かれることを知り応募したのが六十歳を過ぎた頃だった。長年文通をしている友人にパソコンで初めてメールを送信した時の感動は「初メールです！」という件名とともに今でもよく覚えている。

インターネットで知り合った若い友人ブロガーの勧めでブログを始めてからもう十六年が経った。今思い返せばインターネットには危険な出会いもたくさんあるのに、偶然にネットで知り合った最初の人が良い人だったのは何という幸せだろう。遠い海辺の漁師町に住んでいるというその人はメールでブログの設定管理の方法を一から教えてくれたのだった。見知らぬ人間にそれも無償で！　彼女がいなかったらブログに手を出すことなど考えられなかった。「大丈夫、直子さんならできる」と強力にプッシュしてくれた人である。

パリの朝市では買い物をすると料理法も親切に教えてくれた。フランスの代表的な家庭料理ポトフは朝市のおじさんに仔牛の脛骨でだしをとる伝統的方法を伝授してもらい、肉と野菜の滋味溢れるスープはわが家の定番になった。「新しい料理の創造は新しい星の発見より幸福をもたらす」というフランスの美食家ブリア＝サヴァランの箴言を思い出したものだった。

今ではフランスで覚えた家庭料理のあれこれや、庭の花の写真を撮りブログにアップするのが日課となっている。世の中ではツイッターやインスタグラムなどが人気のようだが、相変わらずレトロなブログを楽しんでいる。

四十年前の原稿は四百字詰め原稿用紙に鉛筆で書いた。何度も書き損じ、消しゴムで消しては書き直したものだった。この原稿はパソコンで打っているがパソコンが使えなかったらどうなっていただろう。歳を取りきちんとした文字を書くことが難しくなった今、多分この原稿を書くこともできなかったに違いない。パソコンやスマホは私たち高齢者世代にとってもなくてはならない大切な道具であり友達である。

丸山直子

インタビュー

字幕翻訳者のプロローグ

丸山垂穂 × 聞き手 丸山有美

『街角のクレープ』の頃

丸山有美（以下、有美）　垂穂さんのお母様、丸山直子さんがお書きになられた『街角のクレープ』は一九八〇年に出た本で、丸山さんご一家、垂穂さんがご両親と一緒にフランスに一年間ご滞在された時のことが書かれた本ですよね。

丸山垂穂（以下、垂穂）　はい。父が大学教員だったんですが、在外研究というものがありまして、何年かに一回、一年間学外で研究する休暇がもらえるんです。それで父はソシュールという言語哲学者の研究でスイスのジュネーヴ大学に通う予定だったので、ジュネーヴに近いパリで一年間過ごすことに決めました。そこに母と私も同行したという経緯です。

有美　垂穂さんはこの時が初めてのフランスですか？

垂穂　初めてです。フランス語もまったく分からない。ボンジュールとかメルシーぐらいは知っていましたけれども、いっさいフランス語は分からなかったです。

有美　このとき垂穂さんは十五歳？

垂穂　十五歳です。中学を卒業して行ったので、十五の春ですね。十六歳まで一年間過ごしました。

有美　フランスの学校は六月までですけれど、そうすると向こうの学校には九月から入られたんですか？

垂穂　途中から入りました。サンキエム（中学二年生程度）の途中、四月ぐらいから入って、六月で学年が終わり、九月からキャトリエム（中学三年生程度）の学年に入りました。本来は高校一年生ですけれども、フランス語がまったくできないので、一年半ぐらい学年を下げて現地校に入ったんです。

有美　突然、言葉が分からないところに…そんな状態で現地の学校に入ったら、緊張でドキドキですよね。

垂穂　あんまり深く考えないまま、なんとかなるかなと思って現地校に入ることになって…。日本人学校は中学までしか無いんです。だから日本人学校に行くという選択肢は無かったので、じゃあ現地校でと。しかも寄宿舎があるところのほうが、フランス語のシャワーを浴びて、言葉を使えるようになっていいんじゃないかと思って。親の考えもあり、私もそんなに心配もせずに入ることになったんです。

有美　寄宿舎のある学校というと、公立ではなく私立？

垂穂　私立のカトリックの学校で、パリ郊外、ブーローニュの森の近くにあるサン・ジョゼフ学院です。

有美　私じつは二〇〇一年から二年間ぐらい、サン・ジョゼフの中にある日本セクションというところで、現地で暮らす日本人のお子さんに日本語で国語や算数や書道などを教える先生をやっていたんですよ。垂穂さんの時もそういうセクションがあったんですか？

垂穂　それは奇遇ですね。そういう日本人向けのセクションはまったく無くて、私より一年先に日本人の女の子が入学していて、その方が日本人第一号だと聞きました。次に私が第二号。その次にもう一人、第三号までは知っています。私は一年で帰国してしまったので。

有美　それで寄宿舎に入られて。でも入ったからといって急にフランス語ができるようになるわけではないですよね。どうされたんですか？

垂穂　個人レッスンをしてもらうことになりました。第一号の女の子も、通常の授業が終わった後にフランス人の先生から個人レッスンを週三回ぐらい、一時間から一時間半ぐらいみっちり受けていたのかな。その時に使っていた教科書を譲り受けて、それが日本でも使われている『モージェ』です。これは日本の大学では一年間かけて一冊終わらせるぐらいの厚い教科書だったんですけれど、私たちは一学期で一冊やっていました。四月から六月までで一巻目を終えて、また九月から十二月ぐらいまでで二巻目を終える。そのあと第三巻をやって、詩を読んだり短編小説を読んだりとか、そういうレッスンを受けました。それでも最初の一学期は本当にちょっと単語を覚えたぐらいで。どうやって覚えたかというと、本文を毎日ノートに何度も何度も書き写して、発音も書きながら覚えていったという感じです。先生はジェスチャーを交えてとにかく話しかけてくれて、一緒に問題を解きながら簡単な挨拶から覚えていきました。あと色とか数字とか短い文、買い物の表現などを最初に教えてもらったと思います。覚えた単語を友達相手に使ってみて、通じたら嬉しい。周りの小さい子たちも寄ってきてくれて、いろいろ教えてくれようとするんですよ。でも最初は全然分からなくて。ある子が水で自分の顔を濡らして、それから私の顔も濡らしてくれて、mouiller（濡らす）という単語を教えてくれたり。ヘレン・ケラーとサリバン先生みたいに、だんだん言葉が分かっていく喜びを味わった気がします。

有美　夏休みはどのように過ごされたんですか？

垂穂　夏休み、フランスは二ヵ月あって長いですよね。一ヵ月は学校主催のキャンプに行きました。フランスってキャンプに行く子が多いんですよね。それでブルターニュに行ったんですけれど、マルセイユにあるサン・ジョゼフ学院の姉妹校の子たちも来ていて、その子たちと過ごしました。それがキャンプ場じゃなくて、原っぱみたいなところで。サン・ジョゼフは当時女子校だったので男子は全然いなくて、テントの設営とか、重いものを運んだりするのも、自分たちだけでやりました。トイレは穴を掘って、それが溜まったらまた穴を掘ってというように。楽しかったですね。日本にいたら多分そういう体験はしていなかったと思います。

有美　『街角のクレープ』を読んでいると、その当時ならではなんだろうなというところと、時代を経ても変わらない町の空気感、フランス人やパリジャンの気質の両方が書かれていて、面白いなと思いました。垂穂さん自身は当時と今のフランス、パリでイメージが変わったと思うところはありますか？

垂穂　今年、手話通訳の国際的な会議がパリで開催されるということで、それに参加するために三十年ぶりにフランスに行ってきたんですけど、カード社会になっていて、コーヒー一杯、自動販売機ですらカードしか使えなかったりして、最初は戸惑いました。スーパーでもカード決済が多くて。でも、そういうところは様変わりしていましたが、人の雰囲気、フランス人のユーモアはあまり変わっていないなと思いました。例えばランチに行ったお店で「このメニューにデザートは付いてるんですか？」って聞いたら、「付いてないんだけど僕がデザートです」みたいな、そういうジョークを言いながら照れ笑いしている若いウェイターがいて。そういう雰囲気はまったく変わってないなと思ってホッとしました。

有美　『街角のクレープ』には垂穂さんが夏休みのキャンプの滞在先からご両親に宛てて書かれたお手紙も収められていますよね。これがとてもしっかりしたお手紙で、生き生きとした描写がとても楽しいなぁと思ったんですが、文章を書くことはお好きだったんですか？

垂穂　当時から書いたり読んだりするのが結構好きでしたね。それで手紙もしょっちゅう書いて送っていました。やっぱり日本から離れてフランスにいるので、手紙をもらいたい。だから自分も書く、みたいな。

父・丸山圭三郎の思い出

有美　お父様はソシュール研究の第一人者でいらっしゃるわけですけど、文章の書き方とか、そしてもちろんフランス語について、何か手ほどきを受けるといったようなことはありましたか？

垂穂　あんまりなかったですね。やっぱり親子で何かを教えるとか教わるとかって、ぶつかったり、イライラしたり、「なんでこんなことも分からないの？」みたいになっちゃうと思うん

ですね。こっちから何か聞いた時には教えてくれたりはしましたけれど。子供の頃の父の思い出としては、一緒にしりとりをした時に、子供が知らないような言葉で回してくるっていうのがありましたね。最後に「り」がくる言葉って結構あるんですけど、「り」から始まる言葉って意外と少ないんです。それなのに幼稚園生の私を相手に「倫理」とか「利回り」とかで回してくる、大人気ないしりとりをしてた思い出があります。

有美　いいですねぇ、子供相手に本気でぶつかってくる言語哲学者！（笑）

垂穂　負けず嫌いだから絶対譲らないんです。そういうところは私も似ているかもしれませんが、そのおかげで日本語の語彙の幅が広がったかどうかは分かりません。

有美　私も同じく名字が丸山なものですから、白水社で雑誌『ふらんす』の編集長をしていた時に、時々「丸山圭三郎先生の親戚ですか?」と聞かれました。それぐらいフランス語業界では「丸山」というと圭三郎先生を真っ先に思い浮かべる方が多いんですよね。私にとっても憧れの先生のいいエピソードがうかがえました。

字幕翻訳者になるまで

有美　映画にはご家族でよく行かれていたんですか?

垂穂　両親も映画が好きだったので、小さい頃から洋画邦画問わずよく連れていってくれました。フランス映画もですけど、ディズニーとか、日本映画では『男はつらいよ』とか、帰国してからも観に行きました。子供の頃はまだ吹き替え版が広まっていなかったので、洋画は字幕で観ていました。小さかったので漢字もよく分かっていなかったと思いますけど。フランスでは年間通して日本の古い映画がよく上映されていました。小津安二郎監督の作品は日本ではなくフランスで初めて観たぐらいです。

有美　たぶん、外国語が好きで勉強している人は、その言葉が使われている国や地域の文化に興味があるんですよね。フランス語学習者だったら、映画に興味を持っている人は少なくない。

だから字幕翻訳者という職業は、フランス語を学ぶ人たちの憧れの仕事のひとつだと思うんですよ。

垂穂　当時、私が十六歳の頃って、まだ映画字幕翻訳者という職業を知らない方も多かったと思います。映画に字幕がついているのは知っているけれども、あの独特な字幕の文字を誰が書いているのか、翻訳者が書いているんじゃないかと思っていた方もいらっしゃいました。当時の字幕はカードライター（文字を書く職人）の手書きでした。私も、フランス語が好きで映画も好き、でもその二つを結びつける字幕翻訳者になれるとか、そういった発想はまだなかったです。そういう職業があるんだということも知らなかった。のちにフランス映画『ベティ・ブルー』を観て、字幕翻訳の第一人者である古田由紀子さんのことを知って憧れました。英語の作品だともちろん戸田奈津子さんは当時から有名で。その頃ヒットしていたテレビドラマ『金曜日の妻たちへⅢ』で、いしだあゆみさんが演じていたのが字幕翻訳者だったんですが、これは戸田奈津子さんをモデルにしたんじゃないかと言われたりもしていました。それで字幕翻訳という職業がクローズアップされました。試写で字幕をチェックするシーンもあって、そういうのを観てますますこの仕事に憧れたというのもあるかもしれません。でももちろんそう簡単になれるわけではないと思っていました。

有美　どうやってそのきっかけをつかんだんですか？

垂穂　当時、字幕のための翻訳学校というのがほとんど無くて。英語の学校はひとつぐらいあったかもしれないですけど。とにかく私の場合は学校に行って覚えたわけではなくて、字幕翻訳者になるにはどうすればいいか分からなかった。そんな時、今は第一人者であり私の恩人ですけれど、当時新進の字幕翻訳者として活躍されていた石田泰子さんの記事が雑誌に載っていたんです。それで石田さんに何か教えていただけないかなと思って、ファンレターを書きました。そうしたら石田さんから直接お電話をいただいたんです。その時たまたま出たのが父だったんですけど、父は電話だと声も低くて無愛想なもので…、失礼な応対をしたんじゃないかとヒヤヒヤしました。それで石田さんから、字幕翻訳者の菊地浩司さんが代表をしているＡＣクリエイトという字幕制作会社を紹介していただいて、そこで字幕翻訳のノウハウを教わりました。その後独立したんですが、そこで出会った方々にいろいろとご紹介いただいて、今の仕事につながっています。

Tokyo Star Radio「あみみんのゼッタイForeign Love! ～外国語と海外文化にFall in Love ～」（２０１９年６月28日、７月12日、10月25日放送）でのトークをもとに再構成しました。

聞き手

丸山有美（まるやま・あみ）

フランス語翻訳者、ライター、編集者。白水社『ふらんす』前編集長。

時を紡いで

二〇一八年九月の深夜、母（当時八十三歳）が脳梗塞の疑いで救急搬送された。幸い症状は軽く二週間後には退院、後遺症もなかった。そういえば私は一人娘で兄弟もいない。長年マイペースで自由に暮らしてきたが、そろそろ潮時か。子育ても一段落したので、高齢の母の見守りも兼ねて三十年ぶりに同居することになった。退院後、しばらく気弱になっていた母は不死鳥のごとくよみがえり、娘の助けも要らなくなるほど回復した。それどころか最近は逆に世話を焼かれている。いくつになっても母親にとって娘は心配の種らしい。

二〇一九年五月、平成から令和へと元号が変わった。偶然の物語はゴールデンウィーク中に友人から届いた一通のメールから始まる。「何気なくラジオを聴いていたら、お父さんの名前が出てきた」という知らせだった。ラジオに出演されていた辞典編集者、顯川栄治氏がパリ留学中に知り合った父・丸山圭三郎の紹介で三修社へ就職することになったというのだ。その時は「へえ、そんな出会いがあったんだ」くらいの軽い気持ちだった。

ところが、その数週間後に今度は同業の友人の紹介で、三修社の編集者、上山直寛氏から連絡をいただく。同社で製作しているＦＭラジオ番組『ゼッタイForeign Love! ～外国語と海外文化にFall in Love～』への出演依頼だった。

「えっ、三修社？　なんという偶然。しかも出版社なのにラジオ？」と面食らった。よくよく話を聞いてみると母の著書『街角のクレープ』（三修社刊）を読んでくださり、私が通ったパリの現地校でのエピソードやフランス映画字幕翻訳者になった経緯を話してほしいとのこと。父の著書も愛読してくださっていると伺い、これも何かのご縁だろうとお引き受けすることになった。

さて、ラジオ出演の前に四十年前のパリでの暮らしを思い出そうと『街角のクレープ』を読み直した。すると、両親や祖母に宛てた私の手紙が何通も収録されているではないか。プライバシーもなく冷や汗をかくような描写も多いが当時の様子が懐かしくよみがえってきた。

ラジオでは幼少期の映画との出会いから現在までを話し、自身の半生を振り返る良い機会となった。だが、それだけでは終わらない。絶版となっていた『街角のクレープ』に加筆し、母娘の共著として新たに出版してはどうかという提案をいただいたのだ。当初は母も「若気の至りで未熟な文章。今さら人様にお見せするなんてとんでもない」と渋っていたが「またとない企画だし、きっと良い記念になるから」と母を説得。その日から母娘の共同作業が始まった。

　当時の私の写真を見ると、まるでモンチッチ（一九七〇年代に人気のあったサルの人形）のような髪型！　もともとぽっちゃり体型ではあったものの美食の国の誘惑に勝てるはずがない。ダルマのように丸々と太った姿は色気ゼロ。それでも朝市のオジさんにはプロポーズ（？）されたが、残念ながらフランス映画に出てくるような美青年との恋は芽生えなかった。

　学年を下げて入ったクラスでは、ほとんどの先生や生徒は優しくしてくれた。英語や数学は日本ですでに習った内容なので当然だが「フランス語は話せないくせに意外と勉強できるね」と尊敬してもらえた。でも、ふだんの会話はたどたどしく言いたいことがなかなか伝わらなくて、もどかしい。夏休みが終わる頃、ようやく日常会話には不自由しなくなっていた。そして九月の新学期を迎え学年が上がる。学制改革で男女共学となり女子校時代ののんびりした校風はガラっと変わった。文法の授業で時制の質問に答えられず悔し涙をこぼす私に、新任の教師は「Quelle bêtise !（バカげてる）」と言い放った。「泣くほどのことはない」くらいのニュアンスだったのかもしれないが未熟だった私は、てっきりバカ呼ばわりされたと思い込んで傷ついた。放課後、個人レッスンをしてくれていたスーラール先生にその日の出来事を涙ながらに打ち明け、「あなたは決してバカなんかじゃありません。きっと勘違いですよ」と慰めてもらったのを覚えている。

本書でも紹介しているように個人レッスンのテキストは日本の大学でも使用していた『モージェ』という本。これまた偶然なのだが高校三年の時に通った小論文講座で書いた文章が、三修社刊『大学受験のための小論文の書き方』に収められている。拙い文章だが全文を転載する。外国語を覚える苦労と相手に通じた時の喜びが少しでも伝わるだろうか。

「私にとっての一冊の本」

私にとっての一冊の本といえば、一番苦労を共にした「モージェ」と呼ばれるフランス語の教本である。これは外国人のために初級フランス語を身につけさせるものだった。

この本との出会いは、私が高校一年の時である。フランスに一年間滞在することになった私は、ある女子校に入学した。フランス語を一言も話せない私に、その学校の国語の先生は、この水色の表紙に包まれている本を渡してくださった。その日から、私は辞書を肌身離さず持ち歩いて、その本と共に毎日を過ごすことになった。この「モージェ」という教本には、外国人が楽しみながら言葉を覚えられるように、あるカナダ人一家がパリへ引っ越してきた様子を短い話にして、一課ずつ書かれている。実際に外国人が、フランスにやって来て、見物しに行く名所や、地方の様子も楽しく描かれている。又、フランスに住むことになった一家が探したアパートやその近辺のお店や、朝に出る市場のことなどがくわしく描写されている。言葉が一言もわからない私でさえ、説明のため描かれているさし絵を見ながら、このフランス語で書かれている本に、知らず知らず、引きこまれてゆくのがわかるようだった。

又、私は、何でも書いて書いて書きまくらないと言葉など覚えられない性格で、ひまがある限り、この本を書き写して過ごしたものである。はたで見ていた両親でさえも、あまりに集中している私にあきれていたようだ。しかし、初めのうちは書いても書いても友達から話しかけられるような言葉はまるでわからず、途中で弱音をはきそうになり、早く日本に帰りたい、などと思ったことは何度もあった。だけど、日一日と少しずつ本に出てくる表現を覚えて、それを実際に友達に話しかけてみる。そしてそれが通じた時の喜びは口で言えるようなものではなかった。その喜びにひかれ、私はこの一冊の本と一緒に、言葉を覚えることができたのである。

当時は今のようにインターネットもメールもない時代。夏休みの両親宛のキャンプ便りでも「日本から手紙来ていますか？」「もし暇があったらお手紙ください」と書いているように、いかに手紙を待ち焦がれているか分かる。時折、知人から日本の雑誌や書籍が届くと、むさぼるように読んでいた。

週末になると、日本映画を上映する映画会や名画座へ、いそいそと出かける。当時パリでは『東京物語』『秋刀魚の味』（小津安二郎）、『七人の侍』（黒澤明）、『裸の島』（新藤兼人）、『愛のコリーダ』（大島渚）など巨匠といわれる日本人監督の旧作が大人気で繰り返し上映されていた。『二十四時間の情事』（*Hiroshima mon amour* アラン・レネ監督）を初めて観たのもパリだ。日本で高校生活を送っていたら、決して観なかったであろう作品を集中して鑑賞できた。今から思うとなんと贅沢な時間だろう。

パリでの生活にも慣れた頃、東宝東和の制作部長で、後に映画字幕翻訳家として活躍された清水馨氏が出張の合間にわが家を訪ねて来られた。父の大学の先輩で同人誌仲間である。大人たちの映画談義に興味津々の私を見て「そんなに映画が好きなら、日本に帰ってきたら映画のチケットをあげるよ」と言われ、帰国後は新作が公開される度にチケットを送ってくださった。清水氏は、私にとって〝あしながおじさん〟のような存在だ。その十数年後には私自身も字幕翻訳者としてスタートを切り、清水氏と再会を果たすことになろうとは想像もしていなかった。

帰国してからも映画好きの友人と名画座や映画祭に足繁く通った。その頃から洋画のエンドクレジットに「日本語字幕〇〇〇〇」と翻訳者名が表示されるのを見て「映画字幕翻訳者という職業があるんだ」と認識するようになる。翻訳者への淡い憧れを抱きつつも大学卒業後すぐに翻訳者になれるほど世の中は甘くない。一般企業に就職したが大きな組織は自分に合わぬと見切りをつけ、さっさと一年で退職。フランス東部のアルザス地方に全寮制の日本人学校ができると知って応募したところ教職員として採用される。アルザスで生活を共にした十代の多感な生徒たちの姿はパリの寄宿舎時代の自分とオーバーラップして見えた。教職員とはいえ当時はまだ二十代。人生経験の乏しい私を地元のフランス人は食事に招いたり街を案内してくれた。パリとはまた違う地方のコミュニティの温かさを知る。

アルザスでの二年間の勤務を終えて帰国。大好きな映画とフランス語を活かせる仕事はないかと考え、「そうだ、やっぱり映画字幕翻訳者になりたい！」という夢がどんどんふくらむ。「でも、どうすればなれるんだろう？　方法が分からない」と悶々とする。そんなある日、人生の転機が訪れた。当時、字幕翻訳家として注目を浴びていた方のインタビュー記事を雑誌で目にする。勇気を出して「字幕翻訳者になりたいのですが、どうすればなれるのでしょうか？」と手紙を書き出版社を通じて届けてもらった。すると、なんとご本人から自宅に連絡が入る。どこの誰とも分からぬ者の話によくぞ耳を傾けてくださったものである。〝運命の出会い〟となったその翻訳家は現在も第一線で活躍されている石田泰子氏。その後、字幕制作会社を紹介していただきノウハウを学んだのち映画字幕翻訳者として独立する。

二度目の転機は手話との出会いだった。息子が通っていた保育園で耳が聞こえないお母さんと初めて出会う。最初は筆談や身振りでコミュニケーションをとっていたが「もっと話したい。分かり合いたい」と思うようになり地域の手話講習会に通い始める。手話を通じて聞こえない人たちとの交流が楽しくなり（呑兵衛なので飲み会が一番楽しい）いつの間にか手話通訳者を目指していた。数年かけて試験に合格。通訳者になると楽しいことばかりではなく責任の重さも痛感している。

手話も日本語やフランス語と同じ言語である。四十年前にフランス人と話したいという一心でフランス語を学んだように、コミュニケーションをとりたいという思いが原動力になっている。聞こえない人たちと交流することで、さらに世界が広がった。偶然にも手話を学び始めてからフランスのろう学校のドキュメンタリー映画『音のない世界で』（新訳）の字幕を手がけるようになった。あとから知ったことだがフランスは世界で初めて、ろう学校が創られた国でもある。やはりフランスとはご縁があるようだ。

改めて振り返ると「可愛い子には旅をさせよ」とパリの現地校に通わせてくれた両親には感謝している。あいさつ程度のフランス語しか知らないのに「寄宿舎も面白そう」なんてあっさり入学を決めた無謀な自分にも「よくがんばったね」と褒めてあげたい。

当時は日本が恋しくてたまらなかった。一日が終わるとカレンダーに×印をつけて、あと何日で帰国、と指折り数えたものである。あれほど早く日本に帰りたいと思っていた私も今はすっかり父譲りのフランスびいきでワインに目がない。くいしん坊とチャレンジ精神は母譲りだろうか。料理上手の母のおかげで週末、寄宿舎から家に帰るのが楽しみだった。本書に何度も登場するオッソ・ブッコを求めて日本でも食べ歩いたがパリのあの店の味に勝るものはない。クリスマスにローストチキンを焼いた翌日、鶏ガラスープから作るポトフは今もわが家の冬の定番料理である。

　手紙にも書いた通り「垂穂（たりほ）」という名前は、フランス語でも発音しづらいようで覚えてもらうのに苦労した。秋生まれで「実るほど頭を垂れる稲穂かな」にちなんで両親がつけてくれた。国文学者だった祖父によると日本書紀や聖書の一節にも載っている古語だそうだ。子供の頃は悪ガキたちに「鼻水タレホ～」などとからかわれたりして嫌だったが、名前に込められた意味を理解できるようになった今では気に入っている。

　折にふれて思い出す一節がある。フランスの童話『星の王子さま』（サン＝テグジュペリ作、河野万里子訳）に登場するキツネの言葉だ。

「ものごとはね、心で見なくてはよく見えない。いちばんたいせつなことは、目に見えない」

　十代という多感な時期にパリで過ごした一年間はかけがえのない、大切な時間だ。確かに目には見えないけれど異文化と触れ合ったあの経験がなければフランス映画の字幕翻訳者を目指していなかったかもしれない。

現在は字幕翻訳者と手話通訳者の二足の草鞋を履いている。二つの仕事には共通点がある。字幕は映画製作者と観客をつなぐ。手話通訳は聞こえない人と聞こえる人をつなぐ。どうやら私は人と人をつなぐ仕事が好きなようだ。この数年、偶然か必然か父にまつわる出来事が続いた。物語はまだまだ続きそうな予感がする。数々のご縁が重なり、母と共著で出版する機会をいただいた三修社と上山直寛氏へ感謝をこめて。

二〇二〇年四月　丸山垂穂

著者紹介

丸山直子（まるやま・なおこ）

1935年生まれ。国際基督教大学卒業。

丸山垂穂（まるやま・たりほ）

1962年生まれ。映画字幕翻訳者、手話通訳士。
主な字幕翻訳作品に
『仕立て屋の恋』（パトリス・ルコント監督）
『愛、アムール』（ミヒャエル・ハネケ監督）
『パリよ、永遠に』（フォルカー・シュレンドルフ監督）
『婚約者の友人』（フランソワ・オゾン監督）
『パパは奮闘中！』（ギヨーム・セネズ監督）
『真実』（是枝裕和監督）
がある。

目次レイアウト
元島綾花　榎本和美（イラスト）

挿画（丸山家のレシピ）
Tokio　Akiho

写真
著者

編集協力
久保理沙子

装画（カバー、扉）
上山千佳

装幀
編者

パリの日々

言語哲学者の休暇、あるいは字幕翻訳者のプロローグ

2020年6月25日　第1刷発行

著者

丸山直子　丸山垂穂

発行者

前田俊秀

発行所

株式会社 三修社

〒150-0001 東京都渋谷区神宮前2-2-22
TEL. 03-3405-4511　FAX. 03-3405-4522
https://www.sanshusha.co.jp

印刷・製本

壮光舎印刷株式会社

ISBN978-4-384-06800-9 C0080　Printed in Japan

スノードロップが終わったあとに黄花オダマキの種をまいておきました。春になってオダマキが予想以上に勢力を増し鉢を占拠してしまいましたが、オダマキをかき分けるようにしてスノードロップが芽を出し花を咲かせたのです。

放ったらかしでかなり過酷な環境でも元気に成長することもあれば、一生懸命手をかけたつもりの植物がまったくひ弱に育ってしまうこともあります。これも植物の不思議のひとつですがヒトの子育てと同じかな、と思ったりしています。

カバー写真に添えて

丸山直子